入微咨询销售管理系列丛书

销售人才
招聘与培养
入微模式

陈驰学 著

东华大学出版社

PREFACE 序言

为什么要写这本书？

我写的第一本书《销售团队薪酬绩效设计入微模式》是专门为民营中小企业量身打造的。该书自出版以来，读者反响热烈，广受好评。现在，我推出了第二本书，它依然聚焦于处于过渡期①的民营中小企业。我希望通过我们的共同努力，能够帮助这些企业有效解决销售人才方面的难题。

民营中小企业所面临的问题中，几乎都伴随着一个"无人可用"的难题。具体来说，就是企业的人才数量不足，人才质量也不够高。

我们发现，许多民营企业都面临着人才匮乏的问题。从销售的角度来看，缺乏优秀的销售人员、销售管理干部、售前工程师以及交付工程师。

可以这么说，如果民营中小企业能够解决人才问题，那么当

---

① 所谓过渡期，是指企业在成长期的一个阶段——在初创期之后，成熟期之前，其特征是人才的数量与品质不足，管理上不够成熟。大部分的民营中小企业处于这个阶段，一部分规模企业也处于这个阶段。

前所面临的许多棘手问题都将迎刃而解。在行业竞争中，如果我们具备人才优势，就能实现降维打击，取得更大的竞争优势。

我经常对企业家朋友说，经营企业多年，最值得骄傲的并不一定是赚了多少钱，而是自己身边聚集了多少优秀的人才。

当行业竞争激烈时，许多老板都感叹生意难做，想要转行却又不敢。为什么呢？我认为最核心的问题还是缺乏人才。如果我们拥有足够的人才和管理能力，转行或许会带来更多的机会。

第一，民营企业在人才招聘方面确实存在明显不足。

企业在招聘时常常面临这样的问题：应该招聘什么样的人才？如何准确评估候选人的能力和潜力？新员工入职后应如何为他们设定合理的期望？以及如何科学有效地考核他们的工作表现？遗憾的是，许多企业在这些问题上并没有系统的预案。他们往往依赖主观感觉而非科学的流程、方法和标准来选择员工。这种做法不仅让企业在招聘过程中走弯路，还耗费了大量的时间和经济成本。更重要的是，这样做可能会让企业错失市场发展的宝贵机会。

民营中小企业由于规模相对较小，往往难以吸引和配置优秀的人力资源经理。同时，许多企业老板在招聘方面的专业知识也相对匮乏。这些因素共同导致人才招聘成为制约企业发展的一个重要短板。

我们必须认识到，人才招聘是一个涉及岗位要求、薪酬绩效、人才评估、管理策略以及人才培养等多个方面的系统工程。在招聘过程中，我们需要具备销售管理的全局观念。然而，在民营中小企业中，具备这种全局观念的人才并不多见。

第二，民营企业在人才培养上的不足同样不容忽视。

传统的人才培养方式，如老带新、团队经验分享等，在实际效果上并不尽如人意。当企业业务规模发展到一定程度时，由于缺乏有效的人才培养机制，企业的业绩增长往往会遭遇瓶颈。

我曾询问过许多企业老板关于新员工培养的具体内容和目标，但遗憾的是，很多人都无法给出明确的答案。在这种情况下，想要培养出优秀的人才无疑是一项艰巨的任务。

对于销售人才的培养，规模较大的企业可以委托专业的HR团队来完成。然而，在民营中小企业中，这一任务往往只能由销售管理干部或企业老板亲自承担。但问题在于，这些人在人才培养方面的认知和能力也存在很大的不足。

第三，民营企业在日常销售管理方面的成熟度也有待提高。

我们有时会发现一个有趣的现象：某些在我们这里表现平平的员工，在跳槽到其他企业后却能展现出惊人的业绩。这究竟是什么原因呢？这很可能与我们在企业管理上存在的问题有关。

由于我们管理能力的欠缺，导致团队无法充分发挥出其应有的潜力，从而造成人才的浪费。此外，销售管理并不仅仅局限于对销售团队的直接管理，还包括与销售工作密切相关的其他事务的管理，如售前技术支持和售后服务等。如果这两个环节做得不好，那么销售工作也将难以顺利开展。

销售管理是一个复杂的系统工程，而民营中小企业由于其发展路径的特殊性，在这方面往往存在诸多短板。

第四，由于各方面原因，民营企业往往难以留住人才。

人们总是追随着希望，如果企业的经营状况平平，看不到未来的发展前景，许多人才便会选择离去。毕竟，水往低处流，人往高处走。

在管理实践中，以上四个要点是相互关联的。

撰写此书的目的是解决民营企业在人才招聘和人才培养方面所面临的问题。希望读者在阅读本书后，能够成功招聘到符合要求的人才，并通过系统化的培养，使他们更好地为企业创造价值。

本书将为大家提供人才招聘、人才培养的具体方法与实用工具。但更为重要的是，本书强调底层的逻辑思考。我们希望读者能够学会独立思考，而不仅仅是从书中照搬答案。

本书内容丰富，我尽力在系统性、理论性和实践性之间寻求有效的平衡。要理解书中的深层含义，需要读者具备一定的认知基础。在学习过程中，希望大家能够反复阅读，反复实践。请不要急于求成，而应循序渐进。就像入微咨询的视频课程一样，真正的学习者往往会观看数十遍，以深入理解其中的精髓。

2024 年 3 月于上海

CONTENTS 目 录

第一章 销售人才问题，要有全局意识   001
    第一节   销售人才问题的底层逻辑   002
    第二节   基于企业经营视角的销售人才结构   008
    第三节   基于企业长期目标的销售人才规划   019
    第四节   基于销售业绩达成的三大要素   023

第二章 销售业绩达成逻辑   028

第三章 销售人才工作阶段评估标准的设计   038
    第一节   能力要求的设计   041
    第二节   工作表现要求的设计   055
    第三节   业绩要求的设计   061

第四章 为什么我们招聘不到优秀的人才？   065

第五章 销售人才招聘入微模式   084
    第一节   做销售方面的人才规划   085
    第二节   做招聘标准设计   091
    第三节   薪酬绩效设计   112

第四节	做管理要求设计	116
第五节	招聘信息发布	118
第六节	人才面试评估	122
第七节	入职时的关键动作	127
第八节	试用期管理	130

第六章　为什么我们的人才培养效果不理想？　134

第七章　销售人才培养入微模式　163

第一节	销售人才培养工作流程	164
第二节	战略校准要点说明	166
第三节	经营目标设计	176
第四节	内部标准化	179
第五节	工具体系设计	182
第六节	管理工具导入	184
第七节	系统化的培训	186
第八节	知识能力考核	188
第九节	工作过程管控	189

附录　194

附录一	销售人才基本功评估表	195
附录二	销售主管基本功评估表	205
附录三	销售总监基本功评估表	216
附录四	大客户销售员岗位说明书	226
附录五	销售主管岗位说明书范本	229

附录六	销售主管工作指导书范本	235
附录七	销售人才面试准备清单	239
附录八	销售人员脱产培训服务介绍	243
附录九	销售管理人员脱产培训服务介绍	247

学员推荐   251

第一章

销售人才问题，
要有全局意识

我们撰写这本书的初衷，是希望为民营中小企业在解决销售人才问题上提供助力。销售人才管理作为一项错综复杂的系统工程，要求我们必须具备全局性的思考能力。

倘若我们缺乏全局意识，无法基于企业的经营视角来综合权衡企业的短期与长期目标，同时未能从人才招聘、人才培养和日常管理这三大关键要素出发进行全面考量，那么，我们将难以从根本上解决销售人才管理所面临的挑战。

第一节　销售人才问题的底层逻辑

在考虑企业所面临的各种问题时，我们应该坚持一个正确且有效的视角，即始终面向企业的战略目标来进行问题的评估与解决。

招聘销售人才的初衷，是为了提升企业的销售业绩。而销售业绩的提升，又与企业经营目标的实现息息相关。更进一步说，每一个阶段经营目标的达成，都是推动企业战略目标实现的重要组成部分。因此，从根本上讲，我们解决销售人才问题的最终目的，是为了更好地实现企业的战略目标。

我们该如何深入理解企业的"战略目标"这一概念呢？

战略目标，对许多人而言，可能是一个耳熟能详但具体内涵却模糊不清的词汇。为了帮助大家更好地把握这个概念，我们将介绍几个与"战略目标"紧密相关的关键词组。

第一个关键词组：企业的终极目标描述

企业未来要发展成什么样子呢？

在与众多公司交流的过程中，我们经常会探讨两个核心问题：一是企业期望发展成为何种形态？二是我们当前的努力是否与我们的目标相符？

我们所有的付出，都是为了实现这个目标。然而，遗憾的是，许多人缺乏明确的目标意识。

我曾前往深圳授课，期间与一位女企业家交流。她连续不断地描述了企业所面临的问题，但在她讲述了近20分钟后，我困惑地问她："你只提到了想要解决的问题，但你的目标是什么呢？没有明确的目标，我该如何为你提供帮助？"

我曾对许多企业家说过同样一句话："如果我们的目标仅仅是这辈子'稀饭管饱'，那么我们现在所讨论的所有问题都没有意义，因为这个目标已然实现了。"

我们真正需要解决的问题，一定是那些阻碍我们实现更高目标的问题。如果所讨论的问题与目标无关，那么这些问题的讨论就失去了意义。

以入微咨询为例，我们的终极目标是成为销售人才职业教育的领导者。我们计划在2028年之前获得职业教育牌照，建立专业的职业培训学校，为民营中小企业培养和输送专业的销售人才和销售管理人才。这就是我们对终极目标的明确描述。

所有企业都应该有一个清晰的最终目标描述。这不仅可以让我们在前进的道路上少走弯路，还能让员工看到企业的未来，从而吸引更多优秀的人才加入。如果企业的目标模糊不清，那么员工也可能会变得迷茫和懈怠，优秀的人才也可能会因此流失。

第二个关键词组：企业的阶段性目标描述

"罗马非一日建成"（Rome was not built in a day）。企业终极目标的实现需要一个个阶段性目标的达成作为基石。出色的企业每隔一段时间都会设定一个核心目标。例如，去年可能是"供应链年"，今年则是"产品研发年"，明年又将是"人才年"。这样，我们可以一步一个脚印地朝着终极目标前进。

入微咨询每年都为自己设定一个明确的阶段性目标。例如：

2021年的目标：完成基础产品体系的设计；

2022年的目标：聚焦于落地辅导体系的建立和辅导团

队的打造；

2023 年的目标：将重点布局市场渠道；

2024 年的目标：销售人才脱产培训业务将初具规模。

这些阶段性目标都是通往终极目标的坚实阶梯。我们希望每一家企业都能明确并践行自己的阶段性目标。

第三个关键词组：企业的目标市场定位

在商业世界中，企业几乎不可能俘获所有的目标客户。因此，我们需要将自身有限的资源、人才、时间和精力分配到最有利于实现收益的领域。这就需要我们进行精准的目标市场定位。

以入微咨询为例，明确其服务定位为仅面向民营中小企业，专注于提供销售与销售管理方面的专业服务。我们不服务国有企业，也不主动去开发外资企业，对具备一定规模的上市公司也不感兴趣。

为什么选择这样的定位呢？原因有以下两点。

第一，目标客户群体的规模很大。中国民营中小企业的数量达到上千万，如果能在这个领域做好，他们就不愁没有客户。

第二，在销售与销售管理的细分赛道上，他们具备显著优势。当市场上大多数人都在大谈理念、战略思维与股权时，他们专注于实际操作。到目前为止，我们还未发现有人在落地执行方面做得比我们更出色，这就是我们的市场机遇。

竞争中的优势和足够大的市场规模能够支持入微咨询多年的快速发展，这就是我们选择这个市场定位的理由。

每家企业都应根据自身情况，找到适合自己的目标市场定位，这是企业减少弯路、最终取得成功的关键要素之一。

第四个关键词组：企业的经营模式定位

在经营过程中，有多种方法可以实现目标，而我们需要找到最适合企业自身发展的方式。过多的模式反而可能对企业造成伤害。

常见的经营模式包括以下几种：

1. 单一经营模式：企业仅在一个产品领域进行设计、生产和销售；

2. 多元化经营模式：企业在多个相关或不相关的领域进行经营；

3. 代工模式；

4. 设计＋销售模式，即将生产环节外包；

5. 生产＋销售模式，即常说的工贸一体。

在确定自身经营模式时，企业必须充分考虑市场状况以及内部环境，包括人力资源、资源储备和管理能力等。

经营模式是一个动态变化的概念。当企业内外部环境发生变化时，应及时调整经营模式以适应新环境。

第五个关键词组：企业的人才战略

> 企业需要多少人才？组成什么样的人才结构才能支撑自己实现战略目标？
>
> 为了实现战略目标，企业需要明确所需的人才数量以及合理的人才结构。在确定自身的战略目标与经营目标的同时，企业必须关注并制定相应的人才战略。这包括企业以何种方式吸引、培养、管理和留住关键人才。
>
> 以入微咨询为例，我们的人才战略是通过提供具有竞争力的薪酬待遇，吸引真正优秀的人才加入，并以高标准来要求他们，从而确保团队的整体素质和业务能力。
>
> 在后续的内容中，我将与大家深入分享入微咨询在管理人才方面所采用的系统化方法和实践经验。

很多企业在招聘和培养人才时，往往只关注眼前的目标和问题，缺乏从企业经营战略的角度出发的考量。甚至有些企业根本没有明确的战略目标，这导致他们只能被动地应对问题，"头痛医头，脚痛医脚"，无法从根本上解决人才问题。

为了避免这种情况，我们在进行人才招聘和培养时，应该时刻思考两个问题：

1. 企业的战略目标究竟是什么？
2. 企业当前的人才招聘和培养举措，是否有助于实现这些战略目标？它们与战略目标之间是否存在冲突？

如果你现在还不能完全理解这两个问题,不必过于担心。请继续阅读,我们会逐步深入解释,帮助你更好地理解和把握这些问题。

第二节 基于企业经营视角的销售人才结构

什么是销售人才?一般的理解是销售人员和销售管理人员。本书所探讨的销售人才,指的是与销售工作有强相关性,对销售业绩产生重要影响的岗位人才。这些人才不仅在销售过程中扮演着举足轻重的角色,而且在某些情境下,他们的重要性甚至超越了传统意义上的销售人员。

如果我们不把这些岗位考虑进去,那么企业的销售业绩势必会受到严重的影响。因此,在构建销售团队时,务必全面考虑,确保这些重要岗位的人才也被纳入其中。

第一个:售前工程师

售前工程师是辅助销售人员做需求分析与技术交流的。一家企业如果有好的售前工程师支持,那么销售人员就不需要懂太过精深的专业知识，人才招聘时就会更简单，人才培养的效率也可以更高。

有朋友会说，我们这个行业，客户需要销售人员懂专业知识，不然跟客户没办法谈，销售和技术没办法分开。

如果您有这种想法，说明您对销售工作的认知还不够。

1. 销售人员所要掌握的专业知识，是关于企业的产品和服务能够为客户提供哪些具体功能，以及这些功能带来的具体好处。至于具体实现方式则可以由专业的售前工程师通过技术交流来详细阐述；

2. 从客户的角度来说，分两种情况：一种情况是销售人员独立地服务客户，另一种情况是销售人员和技术工程师一起服务客户，大部分客户更愿意选择后者；

3. 销售人员最重要的工作是激发客户跟我们合作的兴趣，与客户建立信任关系，让对方愿意听我们关于专业方面的讲解。至于技术的原理与实现的方式，可以交给售前工程师去讲解，这样更有利于人才的专业化成长；

4. 如果销售人员既懂技术又懂商务，且他是唯一与客户接触的人，那么对企业来说意味着存在某种风险，一旦销售人员离职，很可能导致客户流失；

5. 如果我们有专业的售前工程师支持，那么在招聘销售人员的时候，我们就可以更注重他们的销售特质，这样我们的选择范围更大，而且招聘成本也会相对较低。

第二个：交付工程师

很多人对产品交付者的认知有很大的不足，一般企业把他们叫作安装工程师、售后服务。

如果我们着眼于眼前的订单，那么可能就看不到交付工程师的巨大价值。但是，如果我们关注的是企业的长久利益及在市场上的品牌影响力与口碑，那么就会发现，在短期内的业绩达成主要靠销售人员的努力，但长久的业绩达成，则要靠我们的技术与服务能力。

我们有一个客户，是做自动化机械加工的企业A。我们以法人股东的身份跟他们共同成立了一家销售公司，并持有其中49%的股份。这家企业目前的年产值保持在五六千万元左右。令人遗憾的是，自十年前在新三板挂牌以来，其规模并未出现明显增长。用他们的话说就是公司"只吃不胖"，即使开拓了很多新客户，产值也迟迟未能上升。

于是我们特地安排了时间，三个人一起去回访这家老客户。我们与这家客户合作了十几年，他们的车间里有很多设备，但这么长时间来，企业A基本上没有做过客户回访，售后服务更是无从谈起。

在沟通中，我们发现一些问题。第一，以前卖给客户的设备，有一些是因为业务量不足才卖掉的闲置设备，还有一些是采购后发现不好用的设备，这些情况，我们是第一次知道；第二，客户采购了一些竞争对手的设备，价格是我们的好几倍，但客户愿意掏钱，原因是质量比我们的好，这些情况，我们也是第一次知道；第三，客户有一批货要加工，正在准备购买设备，这些设备是我们可以做的，但这个情况我们也是接触了之后才知道的。

客户明确说："你们的设备没有售后服务，这一点我们很不满意，因此，有时候我们会选择购买其他供应商的设备。"

交付工程师不只是做好交付就可以了，他有很多更重要的事情要做，这些事情有利于销售工作的深度推进。

1. 当交付工程师没有接到客户的服务需求时，可以"没事找事"，主动与客户接触。这样做的话，客户有可能会对我们的服务更加满意。虽然产品是一个重要的方面，但从长久来看，客户更加关心的是供应商是否"靠谱"。通过主动与客户保持联系，我们可以有效避免客户的"逃离"。

2. 在与客户接触的过程中，主动了解客户各方面的情况，比如客户的经营情况、所面临的困难与挑战、客户的新需求等，这些信息对于销售团队而言极为重要，它不仅可能会成为我们与客户沟通时的有力话题，还有可能会成为再次成交订单的机会。

3. 在与客户的使用者接触时，可以处理好客情关系，将其发展成我们的"内线"，让我们对客户内部的变化及时了解，更及时地做出应对。

如果我们能对交付工程师的职能重新定义，那么你就会发现，我们一起忽略的售后工作，是如此的重要，如果能够做好，很可能会成为我们的"核心竞争力"。

第三个：解决方案设计工程师

有些企业把解决方案设计工程师叫作技术人员、设计工程师。

企业要做好销售工作，并非只是销售人员的事情，销售人员虽然是重要的一环，但并非唯一决定因素。

在一家餐馆里面，销售人员就是那个为客户推荐菜、点菜、端盘子送菜的服务人员。餐馆业绩好坏与否，跟这名服务人员的关系并不大，因为店铺选址、装修、买菜和烧菜都不是他的职责。然而决定客户体验的并非仅在于他的服务。

我们见过很多技术人员，有些技术人员连理解客户的需求都很费劲，我们就很难指望他们去辅导销售人员了。经常有这种情况，销售人员好不容易跟客户谈到方案设计环节，最后却被技术人员把合作搞"黄"了；有些销售人员就是因为公司的技术太差而选择辞职。

在销售工作中，为客户设计解决方案的人员，其重要性可能不亚于甚至超过销售人员。尤其是对技术要求比较高的行业，解决方案设计工程师不仅影响销售能否成交，而且可能对企业的成本产生深远影响。

我们的团队曾经为国家电网的下属企业做过薪酬绩效改革的咨询，他们的技术人员在销售工作中极其重要，很多时候会影响到项目是否盈利。

技术人员有好多种，有一种技术人员在设计的时候，喜欢做出非标的、与众不同的设计，以此来证明自己的专业，至于由非标引起的复杂度提高、成本上升、容错能力下降，这些他都并不关心。还有一种厉害的技术人员，基于成本角度考量，能做标准化的绝不做非标的，能通过元器件降本实现目标的，绝对不用贵的配件。

如果我们理解了解决方案设计工程师的职能特点，那么就会发现他们对销售工作至关重要。如果能做好，也可能成为我们企业的核心优势。

第四个：招投标专员

有些行业需要专业的招投标专员，负责标书的制作，这其实也是一个非常重要的岗位。

前段时间，我们有一个客户，因为"串标"的事情，导致亏损上千万元人民币，这其实是因为负责招投标的人不够专业。

招投标业务中，除了要妥善处理商务关系和技术方案外，招投标环节本身亦不容忽视。尽管其权重可能不及商务关系和技术方案，但若处理不当，其产生的影响亦不容忽视。

优秀的招标人员需要具备对市场和客户的敏锐洞察力，他们应能准确推算竞争对手的报价，为销售人员提供有力的"控标"协助，极少犯错误。这样的招标人员在销售工作中扮演着举足轻重的角色，对工程类企业而言更是至关重要。

第五个：媒体引流岗位

我们以什么样的方式获得客户信息，这对销售团队来说非常重要。

很多企业的发展，是基于新的传播途径的红利。比如以前的百度、1688、微信公众号，现在的抖音、快手，未来还会有新的品牌传播路径出现。

早年我们做销售的时候，要打电话、陌生拜访、参加展会，现在，如果我们能有比较好的前端引流，那么销售工作就会简单很多。

比如，入微咨询的崛起就是抓住了短视频的红利，在没有背景、缺少背书的情况下，借助短视频平台，让自己的专业观点被更多的人了解，实现前端引流。在这种情况下，我们的销售模式也发生了巨大的变化。

在当前情况下，媒体引流岗位也是销售团队的重要组成部分。

完整的销售人才结构，我用表格[①]（表1-1）给大家展示。

---

① 这张表格非常重要，建议大家好好研究一下，看自己的团队规划是不是有可以优化的地方。

表 1-1 销售岗位职责说明表

序号	岗位名称[①]	岗位职责简要说明
1	销售人员	负责与客户接洽,激发客户与我们交流的兴趣,有效建立信任关系后,整合公司资源以满足客户需求,最终实现交易。 在简单的B2C的销售中,通过销售员的个人努力就可以达成交易;而在比较复杂的B2B或者B2G的销售中,就需要整合技术、交付等多方力量来满足客户。华为的"铁三角"模式就是此类销售策略的典型案例。
2	销售主管	负责做好销售团队的日常管理,让每个团队成员的工作饱和度和工作有效性得到提高,最终实现销售业绩。 日常管理中最重要的三件事情: 1. 目标计划管理的有效落地; 2. 面向具体客户与业务的复盘与分析; 3. 常态化的人才培养。
3	销售总监	全面负责公司的销售工作,做好人才规划与储备,提高销售团队的管理成熟度,做好内部协同,并参与企业的经营管理决策。
4	售前工程师	复杂的B2B销售,当产品技术要素影响交易时,售前工程师就很重要,其具有三个核心的职能: 1. 参与客户需求分析,主要是产品、技术方面的需求; 2. 设计技术与服务方案; 3. 参与客户的技术交流。 售前工程师本质上也是销售人员,只是销售人员偏商务,售前工程师偏技术,用技术手段来征服客户,从而实现销售。

---

① 岗位叫什么名字不重要,重要的是职能分工。

（续表）

序号	岗位名称	岗位职责简要说明
5	售前经理	售前经理负责管理售前工程师团队。在某些对技术要求比较高的企业里面，售前经理的重要性不比销售经理差。 售前经理有三个重要职能： 1. 管理好售前工程师队伍，在了解每个人的长处、短板、技术实力的基础上，安排好大家的工作，并在过程中关注工作饱和度和工作有效性； 2. 管理手上的客户与项目，与销售团队一道搞定客户； 3. 做好知识管理，要将售前工作经验萃取出来，搭建售前工作的标准化体系，使知识经验有形化、工具化，在强化组织能力的基础上，降低对个人能力的要求。
6	交付工程师	负责产品的安装、调试与售后服务。交付工作的目标是让客户满意，不仅仅是把事情做好，因此，对交付工程师来说，沟通能力与技术实力同样重要。 交付工程师有三个段位： 1. 干活型：一门心思做技术工作，只做安装调试和售后，难以胜任其他的工作，可能一辈子都只能做基础的技术工作； 2. 服务型：在做好技术工作的基础上，还能够通过有效的沟通让客户满意，即他们不仅关注工作任务的完成，还关注并尽量满足客户的需求； 3. 业务型：在服务客户的过程中，能够收集客户的信息，发现业务机会，并努力将其转化成订单，这是业务能力的最高表现。

（续表）

序号	岗位名称	岗位职责简要说明
		因此，我们对交付工程师有三个要求： 1. 把本职的安装、调试和售后工作做好，确保客户对我们的服务满意； 2. 在交付过程中，做好与相关人员的沟通，让客户对我们的团队满意； 3. 在交付过程中，注重收集客户的信息，及时了解客户需求的变化、人事调整及竞争对手动态，并从中发掘新的业务需求和项目机会。
7	交付经理	交付经理的职责是有效管理交付工程师团队。许多企业在交付方面的成本居高不下，一个优秀的交付经理对于提升企业的竞争力至关重要。 交付经理应具备以下三项核心职能： 1. 全面了解交付工程师队伍中每个人的优势、不足和技术实力，合理安排工作任务，并在工作过程中关注大家的工作饱和度和效率，致力于提升团队的整体能力； 2. 负责管理现有的客户和项目，确保交付工作的顺利进行，以提升企业在市场上的口碑； 3. 重视知识管理，将交付工作的经验进行提炼和总结，推动交付工作的标准化体系建设，使知识和经验得以有形化、工具化，从而在强化组织能力的同时，降低对个人能力的过度依赖。
8	招投标专员	招投标专员专门处理招投标的事务，这是一项技术性很强的工作。他们需要非常细心，以确保在招投标过程中不出现任何错误。另一方面，他们需要具备良好的竞争意识，对甲方需求和竞争对手情况有清晰的了解。

（续表）

序号	岗位名称	岗位职责简要说明
9	招投标经理	招投标经理负责管理招投标团队，并在必要时亲自参与重要项目的招投标工作。招投标经理的职能： 1. 负责整理和总结招投标经验，制定并不断完善《招投标规范》，以此为招投标专员提供明确的工作指导； 2. 负责招投标团队的管理，包括人才培养、日常事务的管控以及团队绩效的评估与提升； 3. 与销售部门紧密合作，协同努力，共同推动销售目标的实现。
10	新媒体专员	在当前的市场环境下，品牌影响力和流量成为两个至关重要的因素。而新媒体平台如抖音、快手、小红书等，则成为提升企业品牌影响力的重要渠道。 新媒体专员的职能： 1. 负责策划、制作和发布新媒体内容； 2. 负责管理并运营新媒体账号，提升账号影响力和粉丝互动； 3. 负责进行广告投放和优化，以及收集并分析相关数据以优化运营策略。
11	自媒体总监	自媒体总监的职能： 1. 负责新媒体的总体规划与布局； 2. 组建并管理新媒体团队； 3. 培养和选拔新媒体人才，提升团队整体素质； 4. 监督新媒体部门的日常运营，确保各项工作顺利进行； 5. 与销售部门紧密合作，协同推进公司的业务目标。

总结一下，所谓的销售人才并不仅限于销售人员与销售管理人员，还应涵盖其他与销售工作密切相关岗位的人员。这样，我们才能从企业经营的角度出发，全面审视销售人才的全局视角。

第三节　基于企业长期目标的销售人才规划

我们当前面临的诸多问题中，"无人可用"是一个无法回避的话题。

为什么会出现这种情况呢？这主要是因为在经营过程中，我们没有基于企业的长期目标进行销售人才规划。

据我们观察，几乎95%以上的企业都没有真正基于企业长期目标的人才规划。

我曾与多位企业家交流，询问他们对人才的看法。

他们纷纷表示："当然，做企业的没有不重视人才的！"

然而，当我进一步询问："你们今年的年度目标中有人才目标吗？比如今年要招聘或培养多少人才，以及需要什么样的人才？"时，他们并没有这样的计划。

我再问他们："你们今年有多少预算用在人才方面？"然

而，大多数人并未考虑过这个问题。

由此可见，虽然不少企业主内心可能重视人才，但由于缺乏实际行动和具体规划，因此实际上并没有真正重视人才。

我们该如何定义人才？人才与生产设备相似，都是企业经营中不可或缺的要素。

我们为何需要人才？因为我们的目标是借助人才实现经营目标，从而为企业创造利润。

设备也是如此，其存在就是为了助力企业盈利。

在购买设备时，我们必须进行详尽的规划。例如，考虑需要生产的产品类型、厂房的面积、期望的产能，以及生产工人的素质等，这些因素都会影响设备的选择。对于如何购买、购买何种类型以及购买数量的问题，最好能提前规划，以避免因设备更换而造成的浪费。我们不仅要根据当前状况来规划设备，还要结合未来的目标进行规划，以降低犯错的风险。

同样，对于人才的经营，我们也需要进行周密的规划。要实现什么样的战略和经营目标，需要人才具备哪些条件，执行哪些职能，这些都会影响到人才的选拔、招聘和培养。我们不仅要基于当前的情况来规划人才，还要根据未来的目标来规划。

然而，人才与设备之间存在显著差异。设备一旦到位即可使用，而人才在到岗后可能需要一段适应期。因此，我们需要为他们提供有针对性的培训，并在遇到不合适的人选时及时进行重新招聘和培养。正因如此，我们需要提前规划人才的招聘、培养和更新,而不是在需要时才开始寻找。

接下来,我将为大家提供一张入微咨询的人才规划表(表1-2),希望能为大家在制定人才规划时提供灵感。

表1-2 入微咨询人才规划表(2023年度)

序号	时间线	经营目标/阶段性战略目标	人才规划目标
1	2023年度	2000万元底线目标,3000万元冲刺目标;开发5家满足要求的渠道商;人才脱产培训的总量达到300人;建立完善的人才培养模式体系	招聘1名优秀的财务总监 培养10名落地辅导师 储备2名优秀的HRBP 储备1名优秀的渠道经理
2	2024年度	5000万元底线目标,7500万元冲刺目标;开发10家满足要求的渠道商;人才脱产培训的总量达到1000人;C端人才培养总人数达到200人;对外投资业务的利润达到1000万元	培养10名落地辅导师 培养2名咨询总监 储备2名优秀的渠道经理 储备1名优秀的投资经理

（续表）

序号	时间线	经营目标/ 阶段性战略目标	人才规划目标
3	2025 年度	1.25 亿元底线目标， 1.875 亿元冲刺目标； 开发 15 家满足要求的渠道商； 人才脱产培训的总量达到 2500 人； C 端人才培养总人数达到 500 人； 对外投资业务的利润达到 3000 万元； 完成销售与销售管理的学科化建设	招聘 2 名研发助理 培养 15 名落地辅导师 培养 2 名咨询总监 储备 3 名优秀的渠道经理 储备 2 名优秀的投资经理 培养 1 名优秀的集团总经理

每一年，我们都需要为下一年度提前储备关键人才，进行相应的招聘和培养工作。而这些经营目标与阶段性战略目标，均是在公司整体经营战略目标的指导下精心设计的。

我们招聘人才的成本相对较高，基础薪酬达到 15000 元。新员工入职后，需要经历至少半年的培训期。然而，为了企业的发展，做好人才储备并提前投入人力资源成本是必要的战略性投资。

通过这张表格，我们可以清晰地看到未来两到三年的人才规划，包括需要招聘和培养的人才数量，一切尽在掌控之中。至于这些岗位所需的具体条件，我将在后文中进行详细说明。

在人力资源的六大模块中，人才资源规划位居首位，这是企业内部 HR 最重要的职能之一。然而，对于民营中小企业而言，这往往是一项艰巨的任务。因为 HR 很难具备基于经营的全局意识，这就需要企业老板自身具备相关的意识与能力，难以假手于人。

综上所述，企业要实现长期目标，必须有与之匹配的人才支撑。如果我们缺乏明确的人才规划，那么许多目标将难以实现。

第四节 基于销售业绩达成的三大要素

虽然这本书主要讲述销售人才的招聘与培养，但我们需要明确，人才的招聘与培养只是手段，而非最终目的。我们的终极目标是实现企业的战略与经营目标，更具体地说，销售人才的招聘与培养是为了达成企业的销售业绩。

要实现销售目标，我们必须关注与销售人才密切相关的三大核心要素。

第一大要素：人才招聘

在企业运营期间，人才招聘应被视为一项持续性工作。在招聘前，我们需要深入探讨以下几个关键问题：

1. 我们今年和明年的经营目标是什么？现有人才能贡献多少业绩？还存在多少业绩缺口？进而，我们需要多少人才来填补这个缺口？

2. 我们未来是否会调整业务模式？如果有调整，我们将缺乏哪些类型的人才？哪些岗位可以通过内部转岗来填补，哪些则必须通过外部招聘？

3. 在我们现有的人才队伍中，哪些人是合格的？哪些人不合格？又有哪些人不仅不合格，而且无法通过培训提升？我们应该如何处理这些问题？

4. 我们应如何设计薪酬结构，从而更有效地吸引并留住优秀人才？

5. 新员工入职后，我们应如何设定管理要求？具体要他们完成哪些任务、如何完成以及完成的标准是什么？

在许多企业中，人才招聘主要由HR负责，而在一些小企业，则可能由行政助理承担这一职责。他们通常负责发布招聘信息、筛选简历，最后的面试则由老板进行。但问题可能在简历筛选阶段就已出现，因为许多HR并不能很好地扮演业务合作伙伴的角色。由不懂业务的人来负责招聘，可能会引发一系列问题，这一点我们将在后文中详细探讨。

许多企业在招聘时总希望能找到100%匹配的人才。这种期望虽可理解,但实际上却难以实现。通常情况下,我们只能找到相对合适的人选。

第二大要素:人才培养

在企业运营期间,人才培养同样是一项长期性工作。

我们可能会遇到这样的情况:一个人刚加入企业时表现非常出色,但随着时间的推移,其竞争力逐渐下降,最终因无法胜任工作而离开。他们初入企业时充满活力,但离开时却可能状态低迷。

这种情况的发生是因为什么呢?这往往是因为我们在人才培养方面做得不够。

在使用设备时,我们通常会努力进行技术改造,因为这比购买新设备更为经济高效。同样地,我们也应该对人才进行"改造",帮助他们更好地适应内外部环境的变化。在人才培养方面的投入,是对企业非常有利的关键投资。

当前我们面临的许多人才问题,都与企业缺乏人才培养能力有关。

有些企业老板经常抱怨员工能力不足或态度不端正,认为公司业绩不佳都是员工的错。我认为,持有这种想法的老板需要自我反思。如果员工原本就不适合该岗位,而老板却将其招聘进来,这是老板自己的判断失误;如果员工入职后没有得到良好的培训和管理,这同样是老板的责任;如果发现员工确实无法胜任工作，但又因道德感而迟迟不劝退，这还是老板的问题。因为未能培养好人才而导致业绩不佳，最终却选择劝退员工，这叫"不教而诛，始乱终弃"，这种做法实在是有失公允。

暂且不论道德层面的问题，如果我们不投入精力培养员工，最终受害的还是我们自己。

在管理实践中，民营中小企业往往由于缺乏专业的人力资源和销售管理人才，而不知道如何有效地培养员工、应该培养什么内容以及如何进行考核。这些问题最终都会影响到企业的销售业绩。

本书将为大家提供一套系统化的人才培养流程、方法和标准。只要大家按照我们的指导去实践，就一定能够培养出优秀的人才，从而将企业的人才优势转化为核心的竞争优势。

第三大要素：团队管理

当一家企业的管理体系尚未成熟时，即便我们成功招聘并培养了杰出的人才，他们也可能难以充分施展才华，甚至最终选择离开。团队管理需达成两大核心目标：

第一个目标，让所有的人忙起来，不要闲着；

第二个目标，让所有的人做该做的事，而且要做到位。

当团队成员保持忙碌，即使是能力稍逊的个体也能"以勤补拙"。

在销售领域，很多时候，成功的关键并不复杂：更频繁的拜访意味着更多的机会;同时,随着拜访次数的增加,遇到的问题也会增多,这反过来又促进了个人成长和能力提升。

此外,建立明确的规则至关重要。对于每个岗位和每位成员,我们需要明确他们的职责、工作流程以及工作标准。只要他们能够按照这些规定完成任务,并且确保任务质量,那么业绩的提升就会自然而然地到来,而且成果往往会超出预期。

销售团队的管理更接近于科学而非艺术。

一般来说,我们能够理解其原理的事物被归为科学,而难以理解其原理的则被视为艺术。

管理工作涉及众多层面,未来我计划专门撰写一本关于销售团队日常管理的书籍。在本书中,我将阐述管理的基础逻辑。从某种意义上说,人才的招聘与培养也是管理不可或缺的组成部分。

最后我们总结一下,为了提升销售业绩,我们必须从全局视角出发,将人才的招聘、培养和日常管理落到实处。这是确保团队业绩稳步提升的关键所在。

第二章

销售业绩达成逻辑

人才的招聘与培养，是为了更好地达成业绩，在正式讲解如何招聘和培养之前，请大家先静下心来，读一读我对销售业绩达成的原理的说明，这样我们在讲招聘和培养的时候，大家会更容易理解。

前文说过，我希望大家看完本书以后，不只是获得一些实用的方法，更重要的是，能够提高思考的能力，当碰到新的问题的时候，就会有一套完整的底层逻辑。

第一层逻辑：执行逻辑

很多企业有一条原则，新人进公司以后，能不能过试用期，取决于他在试用期的时候能不能出业绩：达到业绩要求的人被留下，达不到业绩要求的人被劝退。

这是普通人能够理解并接受的一种试用期考核策略，但不一定是合理的考核策略。

有时候，过了试用期的人，后续表现很一般，不瘟不火一段时间以后离开了，他在试用期出业绩，很可能是运气好。还有一些人，试用期没能出业绩，因为某种原因留下以后，表现得很好，甚至一些企业的销冠、高管也有类似的经历。

请大家一定要记住这句话：我们不需要担心一个人是否能出业绩，我们更需要关注的是他是否能力不足或缺乏勤奋。

业绩的达成是有因果关系的。

很多老板比较喜欢这么一句话：我不需要知道过程是怎样的，我只要结果。

这句话很酷，但这句话误导了很多老板。

如果结果是我们想要的，那么我们当然不需要关注过程，但是，当发现结果不理想的时候，我们已经回不去了。

没有好的过程，就很难有好的结果；管理好了过程，那结果自然不会太差。

团队怎样才能出结果呢？关注以下两个过程中的要素。

1. 工作饱和度

所谓工作饱和度，就是单位时间内的工作量总和。

同样是电话销售，每天通话90分钟就比每天通话30分钟的人工作饱和度高，同样是拜访客户，每天三次有效拜访客户就比每天一次有效拜访客户的工作饱和度高。

2. 工作有效性

所谓工作有效性，就是看他能不能把事情做到位。

销售人员的工作有效性，取决于两点，一个是基本功是否到位，另一个是工作方法对不对。

销售管理人员的工作有效性，取决于两点，一个是有没有把该做的管理动作做了，另一个是有没有把管理动作做到位。

工作饱和度和工作有效性，是我们一切工作的目标与出发点。

我们在人才招聘过程中需要关注什么？一方面是关注这个人有没有可能把工作饱和度做到我们想要的样子，是否积极努力；另一方面是关注这个人有没有可能把工作有效性做到我们想要的样子，基本功是否扎实，思路是否清晰，工作方法是否专业。

招聘人才的基准点就是工作饱和度和工作有效性。

在人才培养环节，我们又应该关注哪些方面呢？还是工作饱和度和工作有效性。

我们帮助调整员工的心态，是为了提升员工的工作饱和度；我们培养他们的专业能力，是为了提升工作有效性，把这两点做到了，我们还有啥可担心的？

在该过程中，我们要关注执行的两个核心要点：工作饱和度和工作有效性。

试想，那些你不满意的人，是不是这两点出了问题？

第二层逻辑：管理逻辑

怎样确保团队既有工作饱和度又有工作有效性呢？我们销售团队管理的目标实际上就是围绕这两点展开的：一是让大家忙起来，不要"躺平"，不要懒惰；二是让大家的能力得到提升，并且把事情做到位。

要实现这些目标，请大家重视管理的"铁三角"：激励、赋能与管控。通过合理的激励措施，我们可以点燃团队成员的工作热情；通过赋能，我们可以帮助他们提升专业技能和工作效率；而通过严格的管控，我们可以确保团队的工作始终沿着既定的方向高效推进。

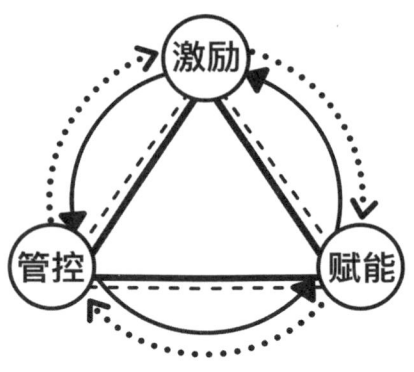

图 2-1　管理"铁三角"

名词释义

所谓激励,就是通过表扬、批评、奖励与惩罚等手段,管理员工的意愿度,从而提高他们的工作饱和度和工作有效性,最终实现业务的有效提升。公司给员工发工资、提成、年终奖,这些属于物质激励;来自管理者的表扬和批评,这些属于精神激励。激励是用来明确方向的,做了我们希望他们做的事情,我们表扬、奖励;做了我们不希望他们做的事情,我们批评、惩罚。

所谓赋能,就是我们经常说的人才培养。通过各种手段提升员工的能力,让他们更好地满足岗位的要求,就是赋能。

所谓管控,就是在管理工作中,关注员工的工作过程,及时沟通与纠偏,让员工按照公司的要求做事情。

案例解读

管理"铁三角"是销售团队管理的基石,如果详细说明三者之间的关系,会占较多篇幅,我们给大家举个形象的例子。

图 2-2　十字路口的汽车

我们国家管理交通综合运用了激励、赋能、管控三种手段。

首先,国家制定了专门的交通法规来规范公众的交通行为。这些法规中明确规定了超速、酒驾等违法行为的后果,例如,如果超速或酒驾会受到何种处罚,驾驶证分数扣完后会如何处理等。从管理角度来看,这些规定实际上起到了一种激励制度的作用，引导驾驶员遵守交通规则。

其次，国家要求驾驶员必须持证上路。在获得驾驶证之前，需要到驾校进行系统学习，并通过考试。如果考试不合格，则需要继续学习并重新参加考试。这是一种系统的赋能手段，旨在确保每一名驾驶员都具备最基本的驾驶技能和知识。

最后，为了保证大家严格遵守交通法规，大街上不仅有交通警察进行巡逻，还安装了许多摄像头进行监控。这些措施构成了有效的管控手段。试想一下，如果交警下班且路上没有摄像头监控，是否还能确保每个人都自觉遵守交通法规呢？这显然是一种挑战，因此管控手段的存在是非常必要的。

团队的管理也是这样。

首先，要建立激励制度。明确哪些行为是值得鼓励的，做了会有什么奖励；哪些行为是不被允许的，做了会有什么惩罚。提成如何发放，年终奖怎样核算，这些都是激励的重要手段。

为什么有些销售人员会选择"躺平"呢？这往往是因为对"躺平"现象缺乏相应的处理措施，没有实施处罚。为什么有些销售人员能力不足却不愿提升呢？这可能是因为你没有对他们的能力进行考核。为什么有些管理干部只关注个人而忽视团队呢？这是因为你没有明确他们的管理职责，也没有将这些管理工作的完成情况与薪酬相挂钩，换言之，就是激励工作没有落到实处。

其次，赋能也至关重要。为什么有些员工非常努力却成果寥寥呢？这通常是因为赋能不足。为什么有些员工虽有心努力，却行动迟缓呢？这同样是因为赋能没有做到位，能力不足导致他们处处受阻，备受打击，久而久之就失去了行动的勇气。

有些企业试图通过招聘来解决所有问题，希望新员工能立即上手，于是他们从竞争对手那里挖了不少人才，但结果往往并不理想。这是因为他们忽视了赋能的重要性，或者根本没有赋能的能力。对于民营中小企业而言，对员工进行赋能的能力是企业的核心竞争力之一。

最后，管控不可或缺。许多企业只关注结果，却忽视了过程，没有对过程进行有效的管控。这样做往往会导致结果不佳，同时失去了纠正的机会。管理的本质就是在过程中发现问题并解决问题。如果忽视了过程，管理就很难做好。

本书的主题是销售人才的招聘与培养。因此，在管理"铁三角"方面，我们仅作简要说明。如果大家希望深入研究，我建议关注我的另一本书——《销售团队薪酬绩效设计入微模式》。在这本书中，我对这些管理理念和方法进行了更为详尽的阐述。

第三层逻辑：战略逻辑

战略逻辑是什么呢？它指的是基于对未来发展的规划，

如何确保既定目标的实现。

从长远的角度看,决定企业销售业绩能否达成的两个核心因素:第一,人才规划与储备;第二,管理成熟度的提升。

为什么许多企业逐渐衰落?原因是多方面的。虽然我们不能忽视客观因素的影响,但真正导致企业衰落的原因往往是主观的。而且,只有关注和解决这些主观原因,才能真正地扭转局面。

这些主观原因是什么呢?主要是我们原有的团队和管理方法已经与新的市场环境不相适应。人才的数量和质量没有得到及时提升,仍然沿用旧有的方法去应对当前的市场环境,问题就由此产生了。

前文已经提及,虽然企业领导者内心渴望拥有优秀人才,但往往缺乏必要的实际行动,这是一个普遍存在的现状。如果企业领导者希望企业能够持续发展,就必须特别关注以下两个方面:

一是人才。需要对现有人才进行全面的评估,结合企业的战略目标、经营模式以及经营目标,来确定需要引进或培养哪些人才,以及应该采取何种方式来吸引这些人才。

二是管理。我们需要深入剖析管理中存在的问题,区分主要问题和次要问题,并思考如何解决这些问题。同时,我们也需要审视管理流程中哪些环节需要优化,如何进行优化,以及由谁来负责这些优化工作。

本书主要聚焦于人才的招聘与培养。但要想在这两个方面取得成功,必须先进行人才规划,提前储备和培养人才,这样才能确保长期目标的实现。

业务达成的三层逻辑是入微咨询销售管理体系的核心支

柱。以上内容可能对某些读者来说较为深奥。如果您感觉理解得不够透彻，建议您多次阅读，或者间隔一段时间后再次回顾。只有深入理解这些基本逻辑，我们才能更好地执行管理工作，进而提升业绩。

第三章

销售人才工作阶段评估标准的设计

我们要招聘人才、培养人才，但前提条件是必须要知道什么样的人是真正的人才！

有老板说，能出业绩的人就是人才，能把事情干好的人就是人才。这句话本身没有问题，但在某些情境下，其适用性有一定局限性。

我们对人才的评估，其实贯穿三个不同的阶段：第一个阶段在招聘时，第二个阶段在工作进行中，第三个阶段在工作成果呈现之后。

举个例子，在招聘时，我们很难一眼就看出这个人未来能否创造出色的业绩，因为那属于未知的将来，从现在到未来充满变数。

那么，如何预判一个人的潜力呢？我们应该聚焦于那些可能影响最终结果的因素，深究过程与结果之间的潜在联系，这样才能基于候选人的个人特质来预测其未来的表现。

本章，我将详细讲解在工作过程中如何评估一个人是否符合我们的期望。

在评估时，我们主要考察两个核心要素：能力和工作表现。

通常来说，只要一个人的能力过硬，工作表现也令人满意，那么其业绩通常不会太差，这样的人才对我们来说是有价值的。

重点问题探讨

有人或许会问，很多导师都会强调价值观和人格品质的重要性，但为什么我们这里没有提及呢？这个问题，我觉得非常值得跟大家探讨一下。

在深入讨论之前，我们首先要明确什么是价值观和人格品质。事实上，这两个抽象的概念是无法直接观察到的，我们只能通过一个人的行为来间接了解。

很多企业大谈企业文化和价值观，但往往难以落地实施。为什么会这样呢？原因在于他们没有将这些抽象的理念转化为具体、可执行的行为标准。哪些行为是允许的，哪些是不被接受的，以及工作应该如何开展以达到预期标准——只有当这些抽象的理念被细化到具体的行为层面，它们才能真正落地并产生价值。

那么，如何评判一个人的人格品质呢？答案依然是看他的行为。只有当一个人做出了让人质疑其品质的行为时，我们才能说他的人格品质可能存在问题。反之，如果一个人没有做出任何不当行为，那么我们就不能仅凭猜测来评判他的人格品质。毕竟，评判一个人应该基于他的行为，而不是他的内心想法。

我之前在抖音上分享过一个短视频。想象一下，在一条大马路上，有交警和摄像头监控，违规驾驶的人很少，这是否意味着大家的自觉性都很高呢？但如果移除了交警和摄像头，还有多少人会严格遵守交通规则呢？那些违规的人是否就意味着他们的人格品质有问题呢？显然不是，问题的关键在于管理，而非个体本身。

因此，我们真正需要关注和改变的，是人的行为。

接下来，我将详细讲解如何制定对人才的能力要求和工作表现要求。大家在阅读的同时，也可以尝试为企业内的各个岗位设计相应的人才要求。

第一节　能力要求的设计

在进行具体的岗位能力要求设计之前，我首先要为大家阐明能力要求设计的最底层逻辑，以便在进行设计时能够具备更好的全局观念，避免走弯路。

当我们确定人才所需的能力条件时，必须首先明确企业的战略目标、经营模式以及经营目标。基于这些核心要素，我们可以进一步分析人才应具备的能力要求。

例如：

1. 如果企业的目标是发展成为一家多元化的主板上市企业，那么销售负责人就需要具备出色的行业洞察力，能够组建、管理和考核大规模团队，同时还应擅长远程管理。相反，如果企业仅仅希望在某个三线城市稳健经营，那么销售负责人只需能够独立开展大业务并管理小团队即可。简而言之，企业的目标决定了我们需要何种类型的人才。

2.如果企业采用渠道经营模式,那么销售人员就需要懂得如何维护渠道,以及如何为渠道赋能并进行有效管控。而如果企业采用的是直销模式,那么销售人员则需具备与客户建立并维护关系的能力。简而言之,经营模式和业务模式对我们的人才需求产生了深远影响。

3.假如企业明年的经营目标设定为5000万元,那么对人才的要求自然会高于今年2000万元目标时的标准。换句话说,经营目标直接影响我们对人才的期望和要求。

综上所述,我们对人才提出能力要求,旨在使人才招聘和培养工作更加有助于实现我们的目标。从这个角度来看,每家企业的情况都是独一无二的。因此,我们需要在掌握基本逻辑和原理的基础上,结合企业的实际情况,进行有针对性的设计。

之前我们提到过,从经营的角度来看,销售人才涵盖了多个不同的岗位。所以,接下来我们将讨论几个常见岗位的能力要求。希望大家在学习过程中能够掌握设计的逻辑,而不仅仅是模仿或抄袭。

一、大客户销售人员的能力要求

对于大客户销售人员,其能力要求主要包括两个方面:一是对销售工作的深刻理解,表现出足够的专业性;二是对行业、产品以及客户需求有充分的了解和认知。前者属于通用能力要求,而后者则属于非通用能力要求。

为了让大家更好地理解,我将分享一张表格(表3-1),

这是我们在为客户进行咨询项目时,《岗位说明书》中的一部分内容。大家可以根据自己的企业情况进行参考和理解。

表 3-1　大客户销售人员能力要求

要求类别		要求说明
知识要求	业务与行业知识	1. 熟练掌握业务知识，了解业务的应用情境、业务卖点，能够熟练讲解并考核过关；(见《xx 企业业务知识资料库》)[1] 2. 熟悉掌握行业的专业知识，包括竞争形势、竞争品牌；(见《行业知识资料库》) 3. 熟悉与业务匹配的使用场景，与之匹配的客户需求，交流的关注点。(见《行业客户需求情况说明》)
	客户需求	1. 掌握客户信息调研的方法；(参照《客户信息调研的专业方法和规范》)[2] 2. 采集客户显性需求；(参照《客户需求模板》) 3. 理解并掌握收集客户隐性需求与无形需求的方法。(学习"五步三维十二招"视频课程)
	销售知识	1. 掌握大客户销售的流程；(参照《大客户开发流程》)[3] 2. 掌握市场开发的基础销售技能，包括开发技巧、维护技巧、市场管控协调、数据化市场分析等。

---

[1] 如果企业能够将自身的业务知识系统地整理出来，并形成内部培训教材，那么在招聘时，就不必局限于寻找具有行业经验的人才。这样做不仅可以缩短人才培养的周期，还能避免新员工在市场上花费大量时间去逐步领悟。
[2] 在很多企业中，销售人员在收集信息时往往缺乏标准化的指导，导致所收集的信息不完整。我们强调销售人员应掌握标准化的信息采集方法与标准，并按照这些标准执行工作，这样可以显著提高工作的有效性。
[3] 不少企业缺乏科学且系统的业务流程，导致工作执行过于依赖个人的直觉和经验。入微咨询服务企业将标准化建设作为其核心业务，通过明确的流程来规范销售人员的销售行为，从而有效提升整个团队的成交能力。

（续表）

要求类别		要求说明
能力要求	工具使用	1. 熟练使用 WORD、EXCEL、PPT、AUTOCAD、MINDMANAGER 等工具；（参见《AUTO CAD 使用规范》） 2. 熟练掌握 CRM 软件的使用方法；（参见《CRM 填写与考核规范》）① 3. 掌握公司介绍、产品服务介绍的 PPT，要求熟练讲解，并能回答常见问题。（见《常见问题的分析及解决方案》）②
	学习能力	1. 每年结合岗位要求做自我评估，找出自己的短板所在；（参照《员工年度工作评估报告模板》） 2. 有计划地开展学习行动，每年制订学习计划、读书计划； 3. 按照学习计划，写学习心得； 4. 业务知识、销售技能考试能够达标； 5. 能够运用所学知识，解决业务与沟通中存在的问题。
	沟通能力	1. 掌握专业谈判技巧；（学习"专业商务谈判的十二个原则与三十六个常用技巧"）③ 2. 有解决常见客户问题的能力，包括沟通的流程、策略、工具与完成标准，在标准化的基础上，做到快速反应；（见 XX 企业《常见问题的分析及解决方案》） 3. 掌握完整的引导客户需求的沟通流程。（在学习"顾问式销售（升级版）"的基础上，设定沟通流程）

---

① CRM（客户关系管理）软件是销售团队的标配。利用 CRM 软件，我们不仅可以进行信息存储，更重要的是可以实现对销售团队工作过程的全面管控。

② 企业应整理出销售工作中经常遇到的问题，并将其形成文字。然后，可以请企业内的专业人士提供解决方案，或者寻求外部支持。在整理出解决问题的思路后，通过培训的方式分享给大家，这样可以显著提升团队的整体成长速度。

③ 大家都知道沟通能力的重要性，但可能并不清楚如何具体定义沟通能力。为此，我推荐大家学习"专业商务谈判的十二个原则与三十六个常用技巧"这门入微咨询的核心网络课程，以帮助提升沟通能力。

（续表）

要求类别	要求说明
客户管理能力	1. 有持续完善客户信息并了解客户需求的能力；(见《客户信息采集标准化工具》) 2. 有挖掘客户隐性需求的能力； 3. 有整合资源满足客户部分无形需求的能力； 4. 有妥善处理客户投诉的能力，在客户服务满意的基础上，将其投诉变成再次销售的机会； 5. 处理好与客户关键联系人的关系； 6. 按要求对客户做分级，并提供差异化服务。

很多朋友对这种形式的岗位要求并不是很熟悉，我简单给大家做一下说明。

1. 我们对销售人员有具体的知识与能力要求。同时，这些要求必须非常具体，才能具备实际意义并落地执行，进而产生结果。

2. 我们提要求的时候，会尽可能匹配具体的标准化文件，如《行业知识资料库》。这要求企业持续将知识经验有形化，能够落实到纸面上，然后持续积累。这样在培训的时候就有具体的内容可依，考核的时候也有明确的标准，从而确保这些要求能够真正落地。

3. 为了让某些难以用文字表达的知识更好地落地，我们专门设计了视频课程来进行内部培训。这种方式有效地解决了人带人的问题：一次录制，无数次学习。即使内容有所更新，我们也只需重新录制一次视频即可。入微咨询为民营中小企业提供了丰富的视频课程资源，这些课程可以作为企业内训的重要工具与教材。

4.因内容较多，我采用脚注的方式对可能需要深度解读的内容进行了详细说明。大家可以逐一对照研究。说实话，有时候真的觉得写书不如上课方便。上课时，我可以逐一指点并解释，前面没讲清楚的后面还可以补充。但书一旦出版，就只能等待修订时再进行修改了。

二、售前工程师的能力要求

售前工程师是一个综合性的岗位，不仅要求有技术知识，还要求有良好的沟通能力。其最终目标是为了赢得客户的信任与满意。基于我们对售前工程师职能的深入理解，设计了一张表格来详细说明对售前工程师的能力要求。在设计时，大家可以参考表（表3-2），并根据各自企业的实际情况进行调整。但建议大家多进行独立思考。

表 3-2　售前工程师的能力要求

要求类别		要求说明
知识要求	业务与行业知识	1. 熟练掌握系统化的技术原理与解决方案，了解客户完整的应用情境；(见《XX 企业业务知识资料库》)[①] 2. 熟悉技术交流的完整工作流程与客户关注点，懂得沟通的逻辑；(见《XX 企业业务流程》)[②] 3. 熟悉与业务匹配的使用场景、与之匹配的客户需求，以及客户在交流时的关注点。
	客户需求	1. 掌握客户与产品有关的客户需求调研的方法； (参照《客户信息调研的专业方法和规范》)[③] 2. 采集客户显性需求的规范与逻辑； (参照《客户显性需求模板》)[④] 3. 理解并掌握项目交付的一般常见问题与现场协调问题。

---

① 销售人员与售前工程师在技术了解方面的要求存在差异。销售人员需要了解我们的产品或服务能为客户带来何种价值，但他们无需深入了解技术实现细节。相对而言，售前工程师则需更深入地了解技术实现原理，以便能与客户的相关技术人员进行有针对性的交流。

② 售前工程师负责与客户进行技术交流，通过这些交流建立彼此的认知与信任。如果大家对与客户交流的具体流程感兴趣，欢迎关注我们的视频课程"五步三维十二招——轻松搞定大客户"。

③ 关注客户信息的收集不仅是对销售人员的要求，对所有与客户有接触的人员也同样重要。为了确保团队之间的协同合作更加顺畅，大家需要遵循统一的标准来收集客户信息。

④ 客户的显性需求，通常指的是客户明确提出并希望我们满足的需求，这些需求一般集中在产品和技术方面。针对这些需求，我们需要将其模式化、标准化，以便更好地满足客户的期望。

（续表）

要求类别		要求说明
	业务知识	1. 掌握大客户销售的流程；（参照《大客户开发流程》）[1] 2. 熟悉交付流程，以及与之匹配的场景；[2] 3. 掌握技术要求采集的流程； 4. 掌握技术交流的流程。
	工具使用	1. 熟练使用 WORD、EXCEL、PPT、MINDMANAGER、AUTOCAD 等工具； 2. 熟练掌握 CRM 软件的使用方法；[3] 3. 掌握公司介绍、产品服务介绍的 PPT，要求熟练讲解，并能回答常见问题。（见《常见问题的分析及解决方案》）[4]
能力要求	学习能力	1. 每年结合岗位要求做自我评估，找出自己的短板所在；（参照《员工年度工作评估报告模板》） 2. 有计划地开展学习行动，每年制订学习计划、读书计划； 3. 按照学习计划，写学习心得； 4. 相关业务知识考试能够达标； 5. 能够运用所学知识，解决业务与沟通中存在的问题； 6. 有持续完善客户信息并了解客户需求的能力。（参照《客户信息采集标准化工具》）

---

[1] 售前工程师需要参与到销售工作中来，因此，他们也必须了解业务开发的整个流程，以便更好地为客户提供支持和服务。
[2] 虽然售前工程师可以不直接参与交付过程，但他们必须了解交付的相关知识，这样才能与客户进行更深入的交流，提升客户满意度。
[3] 为了确保内部信息流的畅通，并与销售团队实现更好的协同，售前工程师也需要在 CRM 软件中填写相关的信息。
[4] 本文件中的《常见问题分析与解决方案》是专门针对售前工程师可能参与的场景而编写的，与销售人员需要掌握的相关问题有所不同。

（续表）

要求类别	要求说明
沟通能力	1. 掌握销售沟通的基本逻辑； （学习"顾问式销售""专业商务谈判策略"，要求考试过关）[①] 2. 有解决常见客户问题的能力，包括沟通的流程、策略、工具与完成标准，在标准化的基础上，做到快速反应。 （见XX企业《售前工程师常见问题分析及解决方案》）

售前工程师与销售人员需要具备的能力是有很大的区别的，这跟其职能是有关系的。必须要注意的是，售前工程师的能力要求与销售人员的能力要求是互补的。

三、交付工程师的能力要求

交付工程师是负责产品交付并提供服务的人。这个岗位还可能成为销售工作的重要环节，因此，我们对交付工程师的要求作如下设计（表3-3）。

---

① 对售前工程师来说，其沟通能力可能比专业能力更加重要。

表 3-3　交付工程师的能力要求

要求类别		要求说明
知识要求	业务与行业知识	1. 熟练掌握系统化的产品安装、调试与维护的专业知识，了解客户完整的应用情境；（见《XX 企业售后服务知识资料库》）① 2. 熟悉售后服务工作的流程、标准与规范；（见《XX 企业售后服务标准规范》） 3. 熟悉与我方产品有强关联性的其他系统的知识，能够发现协同中可能出现的问题。②
	客户需求	1. 掌握客户与我们产品有关的客户需求调研的方法；（参照《客户信息调研的专业方法和规范》）③ 2. 采集客户显性需求的规范与逻辑；（参照《客户显性需求模板》）④ 3. 理解并掌握项目交付与维护过程中客户需求可能的变化规律。

---

① 交付工作同样需要遵循标准化的流程，不应过分依赖个人的经验。我们应该将组织的经验进行积累，并将这些无形的经验转化为有形的标准流程。这样做可以让交付能力成为企业的核心竞争优势之一。

② 交付工程师不仅需要深入了解与我们产品、服务直接相关的知识，还需掌握与我们强相关的其他系统知识。这种全局性的知识储备能帮助他们更高效地解决问题，从而提升客户对我们的依赖。例如，安装空调的工程师如果了解电路相关知识，就能在电路出现问题时迅速解决，而无需另寻他人，从而提高客户满意度。

③ 交付工程师与客户接触的时间可能超过销售人员和售前工程师。由于他们更多地接触应用场景和使用者，因此更方便收集关键信息。我们应充分挖掘交付工程师的价值。关于他们的积极性问题，可以通过合理的薪酬激励和明确的工作要求来解决。

④ 交付工程师也需要学会分析和理解客户需求，这将对销售工作产生极大的助力。当交付工程师提交的需求最终促成交易时，我们应给予他们相应的提成，以更好地激励他们的工作热情。

（续表）

要求类别		要求说明
能力要求	工具使用	1. 熟练使用 WORD、EXCEL、PPT、MINDMANAGER、AUTOCAD 等工具； 2. 熟练掌握 CRM 软件的使用方法；① 3. 掌握面向客户做培训的 PPT，要求熟练讲解，并能回答常见问题。(见《交付工作中常见问题的分析与解决》)②
	学习能力	1. 每年结合岗位要求做自我评估，找出自己的短板所在；(参照《员工年度工作评估报告模板》) 2. 有计划地开展学习行动，每年有学习计划、读书计划； 3. 按照学习计划，写学习心得； 4. 相关业务知识考试能够达标； 5. 能够运用所学知识，解决业务与沟通中存在的问题。
	沟通能力	1. 掌握销售沟通的基本逻辑；③ (学习"顾问式销售""专业商务谈判策略"，要求考试过关) 2. 有解决常见客户问题的能力，包括沟通的流程、策略、工具与完成标准，在标准化的基础上，做到快速反应。

① 交付工程师也需要使用 CRM 来记录相关信息。这样做有两个主要目的：一是为了更好地实现内部目标计划管理，合理分配和监控交付资源；二是为了实现信息的共享和流通，从而提高整个组织的协同能力。

② 交付工程师的职责不仅仅局限于完成工作任务。他们还需要负责客户的培训工作，这包括两个方面：首先，通过培训提升客户人员的能力，使他们能够更熟练地使用我们的产品；其次，帮助客户提升管理水平，以便更好地与我们的产品和服务相匹配。这种培训方式是从客户需求的角度出发，而非仅仅关注产品本身。

③ 沟通能力对交付工程师而言至关重要。因为交付工程师的工作目标不仅仅是完成任务，更重要的是让客户满意，促进双方的持续合作，甚至建立起长期的交易关系。因此，在出色完成工作的同时，交付工程师还需要妥善处理与客户相关人员的关系，通过有效的沟通来提升客户的满意度。

从上述表格中，我们可以看出，售前工程师与交付工程师在能力要求上的共性与差异。售前工程师更注重客户关系的建立与维护，而交付工程师更侧重于确保交付的满意度。

四、销售主管的能力要求

对于民营中小企业而言，销售主管的职位具有相当高的综合性，他们不仅需要具备出色的业务能力，还必须拥有优秀的管理技能。我们为销售主管设计的能力要求如表3-4所示，详细列出了该岗位所需的各项能力和素质。

表3-4　销售主管的能力要求

要求类别		要求说明
知识	业务与行业知识[①]	1. 熟练掌握业务知识，了解业务的应用情境及业务卖点；（见《XX企业业务知识资料库》） 2. 熟练掌握行业的专业知识，包括竞争形势、竞争品牌；（见《行业知识资料库》） 3. 熟悉与业务匹配的使用场景、与之匹配的客户需求及交流的关注点。（见《行业客户需求情况说明》）
	客户需求	1. 掌握客户信息调研的方法；（参照《客户信息调研的专业方法和规范》） 2. 采集客户显性需求；（参照《客户需求模板》） 3. 理解并掌握收集客户隐性需求与无形需求的方法。

[①] 销售主管首先要具备一名优秀销售员所应有的前提条件。因此，对于基础业务、行业知识以及客户需求的掌握等要求，与对普通销售人员的要求是一致的。

（续表）

要求类别		要求说明
	管理知识	1. 了解企业经营管理的核心逻辑；（见网课"销售业绩导航"）① 2. 掌握销售经理的九项全能知识；（见网课"卓越销售经理九项全能"）② 3. 掌握常见管理问题分析及解决方案。（见《常见管理问题分析及解决方案》）③
	工具使用	1. 熟练使用 WORD、EXCEL、PPT、MINDMANAGER、CAD 等工具； 2. 熟练掌握 CRM 软件的使用方法；（见《公司的 CRM 填写及考核规范》） 3. 掌握公司介绍、产品介绍的 PPT，要求熟练讲解，并能回答常见问题。
能力	学习能力	1. 每年结合岗位要求做自我评估，找出自己的短板；（参照《员工年度工作评估报告模板》） 2. 有计划地开展学习行动，每年有学习计划、读书计划； 3. 学习业务知识、产品知识、管理知识，考试能够达标； 4. 能够运用所学知识解决业务与管理中存在的问题。

---

① 管理者需要学会从企业经营的角度出发去考虑问题。只有这样，他们的立场才能与老板保持一致，沟通也会更加顺畅。我们推荐这个网课给管理干部一起学习，以提升大家的经营意识和整体管理能力。

② "卓越销售经理九项全能"网课详细介绍了销售经理应具备的九项核心职能，包括在管理岗位上应如何思考问题，需要完成哪些任务，以及如何执行和达到何种效果。这门课程非常适合作为管理者岗前培训的重要内容，帮助他们更好地适应管理岗位。

③ 我们已经将常见的管理问题进行了整理和分类，并形成了一份问题列表。通过集体讨论，我们可以理清解决问题的思路，并形成标准化的解决方案，供所有人共同学习。在发现问题后，也可以依据这些标准化内容来进行复盘和分析，从而加速管理干部的成长和提升。

（续表）

要求类别		要求说明
能力	沟通能力	1. 掌握专业谈判技巧； （学习"专业商务谈判的十二个原则与三十六个常用技巧"） 2. 掌握面向公司内部与销售相关职能部门的沟通策略； 3. 有解决常见客户问题的能力，包括沟通的流程、策略、工具与完成标准，在标准化的基础上，做到快速反应； 4. 掌握完整的引导客户需求的沟通流程。
	客户管理能力	1. 有持续完善客户信息并了解客户需求的能力；（见《客户信息采集标准化工具》，须导入 CRM 系统） 2. 有挖掘客户隐性需求的能力； 3. 有整合各方资源以满足客户部分无形需求的能力； 4. 有妥善处理客户投诉的能力，在服务满意的基础上，将投诉变成再次销售的机会。 5. 能处理好与客户关键联系人的关系，保持良好的友谊； 6. 按要求对客户做分级，并提供相应的差异化服务。
	管理能力	1. 有团队组建能力，能够招聘到合格的销售人才； 2. 有团队培养能力，能够有效提升团队整体战斗力； 3. 有团队激励能力，在关注下属工作的过程中，及时给予激励，让团队充满斗志和活力； 4. 有业务支持能力，在下属工作遇到困难的时候，提供有效的帮助、指导与支持； 5. 有销售管控能力，关注下属的工作过程，及时纠偏与指导； 6. 有客户管理能力，不让重要的客户被竞争对手抢走或被离职的销售人员带走，逐步优化企业的客户资源； 7. 有沟通协调能力，能妥善处理好与公司内部相关部门和人员的关系，积极争取他们对销售工作的支持； 8. 具备体系建设能力，可以将销售工作系统化，形成一套行之有效、可供团队遵循执行的流程、标准与工具； 9. 能做市场调研与分析，系统地收集市场信息，为高层提供有力的数据支持，以辅助战略分析与决策。

在对销售主管的要求中，管理能力是重要的一个方面。我们始终期望管理者具备优秀的管理能力。尽管很多企业已经学习很多领导力相关课程，但是要想真正实现管理能力的落地应用，就需要把无形的管理能力要求转化为具体的、可操作的流程与规范。

第二节　工作表现要求的设计

有能力的人，其工作表现不一定就好，这可能是由多种因素导致的，如心态问题、情绪困扰或其他潜在原因。我们支付员工工资，看重的是他们的能力和工作表现。如果一个人虽有能力，但拒绝按照公司的要求执行任务，那么他的能力对公司而言就失去了应有的价值。

对工作表现的要求，归根结底就是两点：工作饱和度和工作有效性。

鉴于每家企业的实际情况各不相同，每个岗位的职能要求也存在细微差别，因此，在实际的设计过程中会呈现出很大的差异性。当我们在讨论这个部分时，希望大家能够先理解其基本原理，然后再根据自己企业的具体状况进行针对性设计。

在本章第一节中，我们已经详细阐述了四个岗位的工作能力要求。现在，本节将对这四个岗位的工作表现要求进行详尽的说明。

一、大客户销售人员的工作表现要求（表 3-5）

表 3-5 大客户销售人员的工作表现要求

要求类别		要求说明
工作饱和度要求		1. 如果当天在公司打电话，要求通话时间不得低于 90 分钟； 2. 如果当天出去做客户拜访，要求有 3 次以上有效客户拜访。
工作有效性要求	目标与计划	1. 每天写工作计划，且工作计划需要满足标准要求，关联客户、联系人与业务； 2. 拜访客户需要留下轨迹信息，包括外勤签到、签退与拜访记录； 3. 工作结果的填写需要与工作计划一一对应，且符合公司规定的填写要求。
	客户管理	1. 客户信息需要完整填入公司的 CRM 系统中； 2. 客户需求的变化要及时了解，并记录到公司 CRM 系统中； 3. 客户关系要按要求推进，并及时将变化记录到 CRM 系统中； 4. 对客户进行分级，并结合公司的差异化策略做好与客户的互动。
	流程合规	1. 客户的开发，要满足《大客户开发流程》的要求； 2. 客户拜访，要满足《客户拜访流程》的要求； 3. 给客户打电话，要满足《顾问式销售流程》的要求。

为什么很多销售员的工作结果并不理想？这往往是因为我们没有对他们提出明确的要求，或者我们根本不知道该怎么提出要求，从而让他们自由发挥，最后导致结果无法预测和控制。

什么是管理？管理就是通过努力让员工做到我们期望的标准和表现。为了实现这一目标，我们要有科学且明确的要求，并通过激励、赋能以及管控等手段，确保员工能够切实做到我们所期望的样子。

二、售前工程师的工作表现要求（表 3-6）

表 3-6　售前工程师的工作表现要求

要求类别		要求说明
工作饱和度要求		1. 每个月要求有 20 场以上的技术交流； 2. 如果没有具体的安排，那就安排对老客户进行拜访，与技术对接人员进行交流； 3. 根据每天的工作饱和度目标，每天安排两场客户拜访（包括预定中的技术交流）。
工作有效性要求	目标与计划	1. 每天写工作计划，且工作计划需要满足标准要求，关联客户、联系人与业务； 2. 拜访客户需要留下轨迹信息，包括外勤签到、签退与拜访记录； 3. 工作结果的填写需要与工作计划一一对应，且符合公司规定的填写要求。
	信息收集	1. 售前工程师在与客户接触之前，先要了解相关信息，做好沟通准备； 2. 在与客户交流过程中，要有意识地收集情报，并记录到公司的 CRM 中。

（续表）

要求类别	要求说明
技术管理	1. 每次技术交流，如发现新的应用问题，应将其记录到内部技术库中，做好案例的积累； 2. 对于解决方案，应在内部进行存档，并建立数据库索引，为每个解决方案打上准确的标签，以便后续查找和使用。
流程合规	1. 解决方案的设计，要满足《解决方案设计规范》的要求； 2. 客户拜访，要满足《客户拜访流程》的要求； 3. 与客户技术交流，要满足《技术交流流程》的要求。

售前工程师的工作表现要求与其岗位职责紧密相连，因此，建议大家深入研究《岗位说明书》中的设计方法，以便更好地理解和评估售前工程师的工作表现。我们将在后文对此进行详细说明。

三、交付工程师的工作表现要求（表 3-7）

表 3-7　交付工程师的工作表现要求

要求类别	要求说明
工作饱和度要求	1. 如果没有出门接触客户的任务，交付工程师可以通过电话与客户互动，每天的通话时间不低于 90 分钟，微信沟通信息不少于 100 条； 2. 如果负责产品与服务的交付工作，应根据项目的复杂度来定相应的工作量，需要在一定的周期内保质保量完成任务；

（续表）

要求类别		要求说明
	工作饱和度要求	3. 如果做客户拜访，每天的工作饱和度目标为两次以上的有效拜访，具体标准参考《交付工程师回访客户要求细则》。
工作有效性要求	目标与计划	1. 每天写工作计划，且工作计划需要满足标准要求，关联客户、联系人与业务内容； 2. 拜访客户需要留下轨迹信息，包括外勤签到、签退与拜访记录； 3. 工作结果的填写需要与工作计划一一对应，且符合公司规定的填写要求。
	技术管理	1. 每次技术交流，如发现新的应用问题，应将其记录到内部技术库中，做好案例的积累； 2. 对于解决方案应在内部进行存档，并建立数据库索引，为每个解决方案打上准确的标签，以便后续查找和使用。
	流程合规	1. 产品的安装调试与维护，要满足《产品与服务交付工作规范》的要求； 2. 客户拜访，要满足《客户拜访流程》的要求； 3. 在工作中采集客户信息与需求，要满足《客户信息采集标准与规范》的要求。

在对交付工程师提出工作表现要求时，我们必须明确该岗位的定位。一方面，交付工程师需负责确保交付的顺利进行；另一方面，他们还需协助销售工作。唯有如此，我们才能充分发挥这一岗位的作用。而这些要求也会在某种程度上影响我们招聘时的标准制定。

四、销售主管的工作表现要求

表 3-8　销售主管的工作表现要求

要求类别		要求说明
工作饱和度要求		1. 每天必须把必要的管理工作做到位，具体要求参考《管理者工作地图》； 2. 每个月 10 次 A 类客户回访； 3. 每个月 10 次重点客户陪防； 4. 每个月 4 次团队业务复盘与分析； 5. 每个月 1 次集中的业务培训与考核。
工作有效性要求	目标与计划	1. 每天写工作计划，且工作计划需要满足标准要求，关联客户、联系人与业务； 2. 拜访客户需要留下轨迹信息，包括外勤签到、签退与拜访记录； 3. 工作结果的填写需要与工作计划一一对应，且符合公司规定的填写要求。
	日常管理	1. 每天检查大家的工作计划、工作轨迹与工作结果； 2. 每周按要求做 1 次团队业务复盘，要满足《业务复盘流程与规范》的要求； 3. 每月 1 次月度例会，要满足《销售工作例会流程》的要求； 4. 每天对下属工作表现打分并公示； 5. 每月统计下属的能力绩效、行业绩效与业绩，要满足《销售团队绩效考核管理办法》的要求。
	流程合规	1. 日常管理工作，要满足《管理者工作地图》的要求； 2. 跨部门沟通协调，要满足《公司跨部门协作规范》的要求。

在对销售主管提工作表现要求的时候，最重要的是关注管理工作的落地情况，我们需要把管理工作的要求具体化，所以，这张表还只是一个索引，后面还要有一系列相关的标准化文件。

第三节　业绩要求的设计

业绩要求的设计是大家最常见、最熟悉的一种要求。然而，并非所有人都能充分理解业绩要求的真正含义。在一般人的认知中，业绩往往等同于销售额、回款或利润。但从企业经营的角度来看，除了销售额和回款等指标外，还有许多其他业绩指标同样重要，甚至更为重要。接下来，我们将简要介绍几个关键岗位的业绩要求，以供大家参考。各位可以根据自己企业的实际情况进行具体分析

一、大客户销售人员的业绩要求

1. 销售额指标（请详细描述）
2. 回款指标（请详细描述）

3. 新产品销售量指标

很多企业常遇到这样的问题：尽管投入了大量时间、精力和成本研发新产品，但销售人员往往更倾向于销售老产品，而非新产品。这导致了一个尴尬的现象："好卖的产品不赚钱，赚钱的产品不好卖"。为了解决这一问题，我们需要对特定新产品的销售量设定明确的要求。

4. 存量客户变现指标

有些企业的销售人员像是"狗熊掰玉米"——掰一个扔一个，对已有的客户缺乏有效管理。这导致在开发新客户的同时，老客户却在不断流失。通过设立存量客户变现的指标，我们可以促使销售人员更加关注老客户的维护和转化。

5. 增量业务指标

对于一些企业的销售人员来说，他们可能过于依赖老客户，而不愿去开发新的客户。为此，我们需要设定增量业务指标，以激励他们积极拓展新业务。完成目标的销售人员应得到奖励，而未完成的则应受到相应的惩罚。

二、售前工程师的业绩要求

售前工程师的工作对销售业绩有着显著的影响。因此，企业也可以考虑为他们设定具体的业绩要求。

1. 参与过技术交流的订单所产生的销售业绩指标；[①]

[①] 售前工程师主要用技术能力解决销售问题，其实从职能的角度来说，售前工程师也可被视为销售人员。

2. 通过技术交流有效提升利润的业绩指标；①

3. 销售团队对售前工程师的服务满意度指标。②

三、交付工程师的业绩要求

交付工程师的工作对销售业绩也有比较大的影响，企业也可以为他们设定具体的业绩要求。

1. 客户满意度指标；

2. 因交付工程师关注需求而引发的新订单的业绩指标；③

3. 销售团队对交付工程师的服务满意度指标。④

四、销售主管的业绩要求

对民营中小企业来说，销售主管往往不能仅专注于管理工作而完全放下业务任务，因此，对销售主管的业绩要求就相对比较复杂一些。以下是其业绩要求的几个方面：

---

① 在某些行业中，售前工程师有能力影响客户的产品选型，在不改变价格的前提下，他们可以影响产品的配置，从而为企业争取到更优的利润。

② 售前工程师是销售团队的得力助手。如果售前工程师的工作未能获得销售团队的认可，那么他们可能算不上优秀的售前工程师。我们曾目睹过不少企业的售前工程师对销售团队造成妨碍的情况。

③ 交付工程师同样有机会获得提成，这样的激励机制能使他们更加关注客户需求。同时，企业也可以根据他们的业绩指标进行考核。

④ 若交付工程师的工作表现不佳，可能会引发客户投诉，进而影响后续的业务成交。因此，交付工程师的工作质量对销售人员的影响最为直接。为此，我们需要密切关注客户对交付工程师的满意度。

1. 个人销售业绩指标；
2. 团队整体销售业绩指标；
3. 年度销售人才培养指标；
4. 新市场、新客户开发指标；
5. 存量客户变现指标；
6. 特定产品个人与团队销售量指标。

由于业绩要求与薪酬有强相关性，企业应如何考核这些业绩要求呢？想要了解这方面的内容，建议大家关注我们的《销售团队薪酬绩效设计入微模式》这本书。

总的来说，必须从能力、工作表现、业绩三个维度对人才进行全面评估，这才是科学、合理的人才评估方法，有助于我们判断企业的人才是否符合要求。

第四章

为什么我们招聘不到优秀的人才?

很多企业一直在招聘，但总是难以找到合适的人选。企业每年在招聘上投入大量成本，效果却并不理想。在本章中，我们将深入探讨为何招聘优秀人才如此困难。

在第三章中，我们阐述了优秀人才的标准。我们曾提到，为了让人才发挥最大效用，招聘、培养和管理环节都必须做得恰到好处。人才招聘，实际上是一个系统工程。

为了更有效地招聘到优秀的销售人才，我们首先需要探究招聘难题的根源。

入微咨询多年来对民营中小企业进行深入研究，研究结果显示，这类企业在招聘优秀人才方面面临九大挑战。

原因一：缺少长久战略规划

优秀的人才总会倾向于选择优秀的企业。那么，何为优秀的企业？对于民营中小企业而言，这意味着能够展望未来、有发展潜力。

而"有未来"具体指什么呢？从专业角度来看，它意味着企业拥有清晰的发展蓝图、明确的目标以及可行的战术路径。更重要的是，员工能看到企业成长带来的个人收益。

这就像一个姑娘要嫁人时，通常会考虑对方当前或未来的经济实力。同样，求职者在选择企业时，也会权衡企业的现状与未来潜力。

我们的企业拿什么来吸引优秀人才呢？

企业过去的辉煌并不重要，未来的发展愿景才是重中之重。因为求职者会仔细权衡，哪家企业的发展路径更符合他们的利益。

我曾与一家年销售额约 5000 万元的企业老板交流。近年来，由于人才短缺，公司发展速度放缓。我问企业老板是否有上市计划，他回答没有，也从未考虑过。我提议他可以考虑这个方向，因为一家有上市规划的企业对人才具有极大的吸引力。

在所有影响企业吸引优秀人才的因素中，这一点最容易被忽视。许多企业领导者缺乏这种意识，不知道企业对人才的吸引力很大程度上来源于他们对未来的期望。

我们接触过众多民营中小企业的领导者。有时，初次见面就能感受到这些企业缺乏前景。原因何在？通常是因为老板缺乏雄心壮志、冲劲和目标感。这样的领导者很难吸引优秀人才，因为他们无法证明自己是一个值得追随的人。

案例分享

我们有个客户，在江苏常州，做调味品地区分销。他们一直很难招到优秀的人才。在我们的建议下，他把月基础薪酬提高到 10000 元，但令人惊讶的是，依然没有人投简历。要知道，这个薪资在常州地区已经相当有竞争力了。

后来，我们深入分析了这个问题。调味品行业可能并不被看作是一个"高大上"的行业，而且从业门槛相对较低，这使得很多人可能对这个行业持有偏见。此外，该企业也缺乏明确的发展路径。员工在企业内部看不到明确的未来，也不清楚公司未来会向哪个方向发展，这些都是导致招聘困难的原因。

员工在选择工作时，他们的评估标准可能与我们的想象大相径庭。收入虽然重要，但并不一定是他们最看重的因素。

我记得大约在2010年，在湖南郴州的一个饭局上，许多老板都在讨论招聘的问题。他们提到两家做电脑硬件的公司，一家是联想，另一家是方正。尽管联想提供的月薪只有1500元，但应聘者众多；而方正虽然提供2500元的月薪，却鲜有人投简历。究其原因，无非是联想作为一个相对强势的品牌，具有更高的吸引力。

我们在河南郑州也遇到过类似的情况。一家企业提供的薪资并不低，但就是招不到人。最后我们发现，问题出在他们的办公环境上——办公室太过破旧，给人一种发不出工资的印象。尽管他们的现金流非常充裕，但老板为了节省开支，在办公环境上过于节省，反而导致了招聘的困难。

综上所述，我们需要向求职者展示希望和前景，这样才能吸引到优秀的人才。

入微咨询这些年之所以发展得不错，其中一个重要原因就是我们一直在积极拓展，让所有的利益相关者都能看到希望。2023年，我们调整了办公场地，从700平方米的平层搬到了一个2100多平方米的独栋别墅写字楼。自那以后，我们的招聘速度明显加快。有时客户会问我们："你们在15号楼的哪个房间？"我们会自豪地告诉他们："整栋楼都是我们的。"

分享这些经历，并非为了"凡尔赛"，而是想告诉大家一个道理：如果企业想要发展壮大，就必须进行适当的布局，而选择一个合适的办公场地也是这个布局的重要一环。

原因二：招聘标准不科学

我们曾为数百家民营中小企业提供过辅导，发现绝大部分企业在招聘时，其招聘标准并不科学。

有些老板说："能出业绩的销售就是好销售。"这句话虽无误，但实际操作中却难以应用。因为在初次见面时，我们很难判断一个人是否能出业绩。

在招聘过程中，一个常见的错误评估方式就是"看眼缘"。

> **案例分享**
>
> 有一年我到西安上课，在课上遇到了一个做医疗设备的企业老板。他们公司销售团队只有两个人：老板本人和一个股东。公司年销售额达到2000多万元，但他们工作得非常辛苦，且业务难以进一步拓展。
>
> 我问他："为什么不招人呢？"他回答说："原来招过三十多个人，但后来都走了。"
>
> 为什么会这样呢？
>
> 原来，他们在招聘时主要看与应聘者聊得是否开心，看

眼缘，感觉好的就留下，感觉不好的就拒绝。然而，他们发现，那些感觉好的人最后往往表现不佳，导致他们开始自我怀疑。而那些感觉不好的人，他们又不愿意要。

于是，他们决定不再招聘，只有两位股东亲力亲为。

特别提醒

在看眼缘的招聘中，有一种常见情况是，当我们看到对方有一个特别吸引我们的亮点时，可能会忽略他在其他方面的缺点。

例如，一个人特别能吃苦，我们可能会认为，即使他其他方面稍显笨拙，也是可以通过教育来改进的。但事实上，这个人可能是"小白兔"①，除了能吃苦外，并无其他优点。

在评估一个人时，我们需要综合考量，做出理性判断。后文我们会进行系统说明。

关于招聘标准的设计，企业需要避免以下三个常见误区。

很多企业在招聘销售人员时主要关注以下三个要素（图4-1）：

1. 行业经验：希望招聘具有本行业经验的人，最好还能带来一些客户资源。

2. 专业背景：关注应聘者是否学过与本行业相关的专业，最好是专业出身。

---

① 所谓"小白兔"，指的是那种特别勤奋，但是由于能力不足，导致业绩特别差的一群人。

3. 销售业绩：关心应聘者过去的销售业绩是否优秀，最好是业务精英。

图 4-1　三个常见的误区

然而，以上三条标准并不一定准确。我来为大家分析一下：

第一，行业经验丰富并不代表能力一定强。对于经验的理解，人们往往存在误区。一般认为工作年限等同于经验年限，但这种想法是片面的。真正的经验应体现在认知水平上。工作时间长并不意味着认知充分，有些人在一个行业工作了十年，可能只是重复使用同一经验，而非积累了十年的认知。

因此，我们需要有清醒的认识：如果公司不够出色，在行业中不处于领先地位，那么行业中优秀的人才凭什么会选择加入我们公司？在我们羡慕他人客户资源的同时，怎么就知道他们不会也在觊觎我们的客户资源？

第二，对专业的要求可能会让企业陷入尴尬境地。为什么呢？

首先，因为专业出身的人通常思维严谨、关注点多，而我们对销售人员的要求是思维开放、更关注客户需求。同时具备这两种特质的人才非常稀缺。

案例分享

在浙江余姚，我们有一个专注于机器人制造的客户，他们是典型的"专精特新""小巨人"，是小企业中的佼佼者，并立志于在北京证券交易所上市。

然而，在招聘策略上，他们曾走过一段弯路。他们偏好招聘有技术背景的人员担任销售职务，理由是这类人既懂技术又懂产品，能更顺畅地与客户沟通。

但在实践中，我们发现这些技术出身的销售人员在人际交往中遇到诸多困难。他们过分关注产品本身，而忽视了客户关系的建立与维护，导致销售业绩平平。事实上，能够真正胜任销售工作的人寥寥无几。

因此，该公司一度陷入人员频繁流动的困境，其根源在于他们过于狭隘的招聘标准。他们不仅付出了高昂的代价，而且效果也远不及预期。

当我们开始为这家公司提供咨询服务时，我们建议他们实行"人才专业化"策略，即将销售与技术职能明确分开。销售人员应专注于客户关系的建立与维护，而技术人员则提供必要的产品支持。这种协同作战的模式迅速打开了新局面。

其次，如果我们要求一个人既具备专业技能又擅长业务，那么他的招聘与培养成本将会非常高昂。

最后,如果一个人既具备专业技能又擅长业务,那么,这样的人才在市场上拥有更多的选择权,因此留住他们的难度远大于留住单一技能的人才。对企业而言,这无疑增加了人才流失的风险。

第三,一个人在之前企业的优秀业绩并不能保证他在新环境中也能取得同样的成功。因为业绩受多种因素影响,如产品竞争力、品牌影响力、后台支持以及客户积累等(图4-2)。

图 4-2 影响销售业绩的因素

在招聘销售人员时,一些企业往往降低标准,认为只要有过销售经验甚至无需经验即可胜任。然而,销售并非低门槛工作,要想做好并不容易。

同样地,过分依赖从大公司挖角人才也并非明智之举。因为大公司的成功往往得益于其强大的平台实力而非个人能力。

我们还发现，一些企业在招聘时过于关注求职者的星座、血型和生辰八字等玄学因素。这种做法缺乏科学依据且容易误导决策。

原因三：薪酬设计不合理

招不到合适的销售人才，与企业的薪酬设计有很大关系。薪酬设计不合理，就很难招到人。

薪酬设计主要涉及两个核心议题：一是薪酬水平的设计，另一个是薪酬结构的设计。

如果薪酬水平太低，投简历的人就会减少，从而难以招聘到合适的人才。即便招到了人，也很难对他们提出高要求，因为要求一高，人就可能被吓跑了。

考核内容会影响团队的努力方向。我们不仅需要关注结果，还要关注过程中的关键控制点。只有这样，我们所付出的具有竞争力的薪酬，才能真正转化为团队的战斗力。

企业为什么招人难？最显著的原因就是薪酬太低了。

这里存在一个令人纠结的问题：薪酬给得少，没人投简历；薪酬给得多，又怕员工"躺平"，做不出业绩。有些观点认为"高薪养懒人"，这其实是不准确的。问题的实质不是高薪养懒人，而是无条件的高薪会养懒人。高薪应该伴随着高标准严要求。如果员工能达到高标准严要求，我们为什么不给高薪呢？如果做不到，我们可以从绩效中扣除相应部分。

关于薪酬绩效设计的问题，建议大家系统学习《销售团队薪酬绩效设计入微模式》一书。

原因四：团队收入水平一般

优秀的销售人才在求职时，通常会关注一个问题：现在我们团队中收入较高的人能挣多少钱？

如果我们现有团队成员的收入水平不高，那么求职者也会怀疑自己可能的收入上限不会太高，从而可能不太愿意加入。

原因五：管理要求不清晰

我们发现一个有趣的现象：按理来说，招聘人才时，应该是我们选择合适的人才进入企业工作，但实际上，很多企业是在"哄"着求职者进来。

为什么要哄着求职者进来呢？有以下四种可能的原因。

第一种：薪酬不具备竞争力，投简历的人太少，没什么可挑选的。好不容易来一个面试者，那就尽可能留下。大家通常先解决有或无的问题，再解决好或差的问题。

第二种：觉得求职者的能力比较强，我们很需要他，于是就放下身段，"礼贤下士"，表现出充分的诚意，希望对方留下来。

第三种：天生的讨好型人格，习惯性地哄着别人工作。

第四种：被"洗脑"的——受到某些管理理论的影响。有些老师教别人人性化管理，但不提任何具体要求。这些老师背景优越，有的来自名校或名企，或有辉煌的履历，可信度较高，因此大家都愿意跟随学习。

然而，这个"哄"的策略会带来不少隐患：

1. 若薪酬不具备竞争力，真正的人才很少会被吸引过来。即便有人被吸引，也可能是因为别无选择。这样的人即便留下，又能发挥多大作用呢？因此，一些企业招进多人后又流失多人，剩下的也是勉强留下，可能就是这种情况。

2. 即便对方能力真的不错，你"哄"他过来也可能带来麻烦。有能力的人可能较难控制，而不可控的能人对组织伤害很大。如果那个人能力很强却不愿接受公司管理要求，短期内可能有用，但长期一定有害。

3. 如果一开始不能明确说明要求，他后面没有做好，你再重新立规矩就很难了。这个世界上能够自觉把事情做好的人实在太少了。一旦规则无法确立，就会对组织的健康发展产生不利影响。

原因六：招聘负责人不专业

很多专家告诉我们，如果在某种事情上不专业，不用担心，找专业的人来做就可以了。这听起来很有道理，但实际上却很难做到。

为什么呢？因为如果我们自己不够专业，也很难评估对方是否真的专业。我相信大家一定看到过很多看错人的案例。

很多企业设有HR这一岗位，一般负责招聘中的简历筛选和初试。但是，由于 HR 本身极少有对销售工作非常了解的，因此他们的招聘标准、评估方法都可能存在问题。由于他们不懂业务，因此经常会碰到一些 HR 每天将一堆求职者推给用人部门或者领导面试，以证明他们在努力工作，但实际上浪费了大量的时间和精力。

案例分享

我们曾到河北石家庄一家生产医药包材的企业提供服务。他们公司的 HR 表现不太给力，入职两年时间，一直没有新的人才补充进来，日常工作类似打杂。我们评估后觉得这个 HR 不适合这个岗位，就建议他们换一个人力资源负责人。于是他们找了一家猎头公司，让猎头公司推荐合适的人才。

那天我们正好在石家庄，那家企业的老板就让我们帮他们面试一下候选人。

面试的对象是一位女性，1984 年出生，做了 10 多年的人力资源工作，曾在一家三板上市公司担任 HRD（Human Resources Director，人力资源总监）。她的背景很好，经验也较匹配，我们真正要关注的就是她的实务操作能力。

我问了三个问题：第一个是高管如何保证顺利空降；第二个是如果我们要招聘一个销售总监，我们希望这个人必须具备什么样的能力；第三个是基于她的现实情况，如果招聘销售人员，如何评估这个人是否真的有能力。

从人力资源的六大模块和人力资源的逻辑来看，这个人都没有问题。但如果涉及具体的实务操作，这个人的认知就会有很大的问题。

关于高管怎么顺利空降，她绕了一大圈，可我就是没听明白具体怎么操作。

关于销售总监的能力条件，她虽然讲了很多方面的要点，但就是没有提及市场规划与组织人才培养。在讲述过程中，她的眼神一直在空中飞舞。

而关于如何招销售人员，她想得最多的就是怎样把同行招进来，要求年纪轻、人品好。但如果问她年龄太小、培养时间太长、成本太高、培养好了又可能跑掉的问题怎么解决时，她没有提出行之有效的解决方法。

聊了不到五分钟，我跟企业老板说"我没什么可问的了"，然后就没有下文了。

在市场上，我们看到太多的没有经营视角和业务视角的HR。他们占据重要的人才招聘岗位，但实际工作能力非常一般。因此，大家要做好评估工作，因为这个位置实在是太重要了。

原因七：招聘说明不科学

在招聘过程中，我们需要精心准备两个关键文件：公司介绍和岗位要求说明。

然而，许多企业在处理这些问题时显得不够专业，既无法吸引潜在的人才加盟，也无法让不合适的人主动放弃投递简历。

案例分享

每次上线下课程，我都会从学员企业中随机选择一家，上网搜索他们在招聘时所做的企业介绍和岗位介绍。每次总能发现一些问题。

首先是企业介绍的问题。

在招聘场景中，企业介绍的核心价值在于吸引优秀人才关注我们，进而查看我们的职位。其核心内容应该是展示我们公司的优秀之处，以及加入我们公司可能带来的好处。

然而，大部分企业，或者绝大部分企业，只是简单地介绍自己所在的行业和产品，只有极少数能够清晰地阐述求职者到他们企业能意味着什么，能带来什么样的好处与未来。总的来说，他们给出的理由不够充分，别人在看到企业介绍后，并没有产生足够的兴趣继续查看我们的职位。

其次是岗位介绍的问题。

大多数企业在招聘时的岗位介绍只是列举年龄要求、经验要求、学历要求以及需要完成的工作内容等。然而，还有更重要的两个方面没有被充分关注：一是可能的收入水平，二是什么样的人不适合该岗位。这两个方面缺一不可，但很多企业都忽略了。我们将在后面的章节中详细解读如何撰写招聘文案。

撰写招聘文案是一项技术活，我们需要运用营销思维来进行招聘工作，同时用经营思维来筛选人才。这对我们来说是

一个不小的考验。

原因八：管理干部能力不足

好不容易招聘到的销售人才，上班没几天就离职了，前面的努力都白费，这让我们很恼火。原因是什么呢？

一个人的离职，本质上缘于两个方面的原因：第一个是对当前的现状不满意，第二个是看不到未来的希望。

如果企业管理干部的意识与能力不足，就很容易造成这种情况的发生。新人入职，希望有一个好的职场环境，而顶头上司是职场环境中非常重要的因素。如果管理干部没有能力让新人融入团队，让新人看不到未来的希望，那么新人就很可能会流失。

案例分享

有一次，我跟国网的朋友一起吃饭，席间谈到一个招聘的案例。

新人入职到一家新公司，第一天，新人问主管："今天我该做什么呢？"主管给他一堆材料，说："今天看资料。"于是，他看了一整天资料，其间没有人与他交流，也没有人给他做培训。

第二天，新人问主管："我看了一天资料了，今天干什么呢？"主管给他另外一堆材料，说："今天继续看资料。"于是，他又看了一天资料，看得头昏脑涨。

第三天,新人问主管:"那今天干什么呢?"主管回头去找资料,找到后一看,发现新人已经离职了,再也没有回来。

新人入职后,从人入职到心入职,是有一段过程的。如果管理干部不知道该如何帮助人才融入团队,那么好不容易招到的人,可能就留不下来了。

管理干部的意识与能力直接决定了团队的整体能力与稳定性。如果一直招不到人,或者招到人也留不下来,我们一定要关注管理干部的水平,看他们是否做好了管理工作,并且是否做到位。

管理小贴士

新人进公司后想要适应环境并留下来,不是一件容易的事情。有的时候,因为企业的管理不善,本来可以用的人也会因为各种原因主动或被动离开。其中最重要的一条原因就是很多管理干部不知道新人的正确使用方法。

不同的行业销售的复杂度与周期有很大的差别。有些行业如果没有资源和人脉想要出业绩很难;有些行业业务周期很长,短的要三五个月长的要一两年才会有订单。如果要求新人在短期内出业绩很可能就把这个人考核掉了。

出现这种情况怎么办呢?我们的建议是,换一种方式使用与考核新人。以下是两个核心的建议:

第一个建议,让新人做公司存量客户与休眠客户的回访与维护工作。这样他们可以以一种相对安全的方式接触客户、了解行业,并可能在维护过程中产生新的订单。事实上很多企业都有老客户但因为各种原因没有维护到位导致客户流失。这些老客户只要有人回访就有可能产生新的订单。

第二个建议,让新人与老员工搭档形成协同工作。新员工负责客户接触的前期铺垫工作,如客户筛选、信息收集、需求分析等;需求明确后由老员工负责成交,大家按规则办事,在这种情况下"老人"更愿意带"新人",时间利用也会更高效,新人的成长速度也会更快。

具体的做法我们会在后面的章节中做详细说明。

如果管理干部能够更有效地利用好新人,让他们在相对安全的环境中成长,新人也更容易留下来。

企业中出现的很多问题都跟管理干部的意识和能力不足有关,而且很多问题的最终解决都离不开管理干部的参与,所以对企业来说,关键人才尤其是管理干部的储备和培养至关重要。

原因九:所在地区人才密度不足

还有一个原因是,企业所在地址属于经济欠发达地区,或者靠近经济发达地区导致人才被"虹吸"掉了。如果我们面向本地区招人,可能真的很难,再好的待遇也招不到好的人才。

对于这种情况,我们一般有两个建议:第一,可以考虑将销售中心放到重点城市，比如省会城市，或北上广深等特大城市；第二，可以考虑在全国范围内招人，通过提高待遇，还是能够吸引到优秀的人才的。

因为新冠肺炎疫情，人微咨询在2020年9月的时候曾解散过一次。当时我回到老家江苏南通，直到2020年底，在南通下辖的如皋市城内租了一间办公室。

本地确实缺乏人才，就算有人来也是奔着待遇来的。于是我就通过各种方式招外地人到如皋工作。

我们公司的视频剪辑小周，是我通过QQ群从甘肃兰州招聘来的。我们有两名销售员，一个是老夏，是通过抖音从北京招聘来的，还有一个是小魏，她是我通过抖音从浙江宁波招聘过来的。我在本地给他们找好了房子，价格不高，品质还很好。

到2021年6月1日，我们再度"杀"回上海，但在这之前，由于在如皋打好了基础，才有了今天人微咨询的发展壮大。

只要思想不滑坡，方法总比问题多。

只要舍得投资，很多问题还是可以迎刃而解的。

以上是我们总结出来的导致人才招聘困难的九大原因。下一章，我们将开始详细说明如何做招聘工作，招到合适的人才。

第五章

销售人才招聘入微模式

怎样才能招聘到真正优秀的销售人才呢？在本章，我们将系统地跟大家讲述具体的操作思路与操作方法。

一般来说，大家都把人才招聘这件事情视为人力资源部门的职责范围，事实上，很多公司的人才招聘也确实是由 HR 负责。但是，有一个问题我们不能忽略，那就是一部分企业的 HR 不懂销售和销售管理，不具备充分的经营视角和业务视角。尤其是民营企业，由于企业实力原因，无法储备优秀的人力资源人才，这就要求企业的老板和销售管理干部自己要懂得招聘，无法假手他人。

第一节　做销售方面的人才规划

人才招聘，本质上是为战略目标和经营目标服务的。我们不是为了招人而招人，而是为了实现企业的战略目标和经营目标去匹配相应的人才。因此，在招聘之前，我们需要基于企业战略目标和经营目标来进行销售方面的人才规划。

在招聘销售人才之前，我们需要先回答下面两个问题：

1. 基于企业今年的经营目标，我们需要多少人才，以及什么样的人才来支撑年度销售目标的实现？

2.基于企业的战略目标,我们需要为明年甚至后年储备多少人才?需要储备什么样的人才?

我们发现,很多企业在人才招聘方面比较被动,往往是因为当下缺人而招人,能够预先做好规划并按计划招聘的企业寥寥无几。我们当前存在的人才短缺、人才能力不足的问题,很多时候是因为没有提前做好规划,没有有意识地储备和培养人才。

在做销售人才规划时,我们需要关心以下两个重要问题:

1.我们应采用什么样的销售模式来实现销售目标?

2.我们应如何设计团队内部的协同路径?

在管理咨询工作中,经常会碰到这两个问题,这也是大家在人才招聘工作中较难突破的要点。如果对销售工作没有充分的了解,我们很难做好销售领域的人力资源规划。所以,在这方面,我们会给大家做详细的解读。

重点解读:销售模式对人才规划的影响

实际上,有很多企业的销售模式都有调整的空间。

例如,有一家汽车零部件企业,专业做汽车外观件,工厂在江苏宝应,由两个三十多岁的年轻人合伙成立。

开始的时候,他们的业务模式是给汽车整车厂做配套。做了两年后,发现不太合适,因为加工要求高,而且国内自主品牌的整车厂的钱不好挣,现金压力非常大。于是他们进行第一次模式改革,不再做整车厂配套,而是转向汽车后市场的供应。这样做的优点是技术要求降低,而且利润也更高。

第一次模式改革以后，他们的销售额连续两年翻番。但到第三年后，增长开始乏力。原来经销商的拿货方式是到宝应大批量小批次采购，这导致客户现金占用大、仓储成本高以及退换货麻烦。在这种情况下，他们酝酿了第二次模式改革。

他们在全国建立了五个物流中心，每个物流点负责约500公里的市场半径。这样经销商可以小批量多批次拿货，退换货也变得极其简单。物流配送能够直接到汽修厂，尽管他们的报价提高了10%，但销售额又实现了两三年的高速增长。

市场环境一直在变化，原先能够产生良好结果的模式现在可能不再有效，因此需要对环境的变化保持敏感并及时调整业务模式。

这家企业经历了两次销售模式的调整，形成了三种不同的销售模式，每种模式对销售人才的要求各不相同。

第一种模式，主要面向整车厂，属于典型的大客户销售模式。此模式下，需在车厂安排驻厂售后服务，以应对新车型或新项目上马时的研发支持和技术交流需求。

第二种模式，转向后市场，需要有渠道开发人员深入市场进行拓展，同时配备专门的跟单员负责发货事宜。由于该模式涉及从厂家大批量采购，且行业竞争激烈，因此对销售人员的要求相对较高。

第三种模式，同样是面向后市场，但侧重于物流配送。借助物流优势，该模式降低了对销售人员的要求。

不同的销售模式在进行人力资源规划时，对人员的数量和能力要求存在显著差异。在第一种大客户销售模式下，销售人员和驻厂服务人员需擅长建立和维护关系，同时技术要求也较高；第二种模式下，销售人员更注重产品导向，关系建立的需求相对较低；而在第三种模式下，由于企业自身的物流优势，对销售人员的要求进一步降低。

所以，大家应该看到，不同的销售模式对企业销售人才的要求也不尽相同。

我们在进行人才规划之前，需要结合市场情况的变化，选择最适合企业发展的业务模式，然后再决定需要什么样的人才。

这项工作对人的要求非常高，需要我们站在行业的高度，结合企业自身的情况，做出正确的判断。如果企业自身缺乏这样的能力和人才，建议寻求专业咨询机构的帮助来解决。

重点解读：团队内的协同路径对人才规划的影响

很多企业期望拥有全能型的人才，即既掌握技术，又能胜任销售，最好还能处理售后工作，从而省去许多麻烦。然而，持有这种想法的企业其实面临着潜在的风险。

原因有四点：

第一，此类全能型人才非常稀缺，且招聘成本高昂。在上海这样的城市，一个普通销售人员的月薪达到15000元便具备一定的竞争力，但若要寻求全能型人才，即使月薪

30000元也未必能找到合适的人选。

第二，培养这样的人才既耗时又成本高昂。例如，销售人员通常需要具备开放的思维和出色的人际交往能力，而技术人员则更注重严谨的思维和精准的执行。这两种特质截然不同，要求一个人同时具备这两种特质显然过于苛刻，即使长期培养，效果也未必理想。

第三，此类人才流动性大，因为他们拥有广泛的选择机会，无论是寻找工作还是自主创业都具备优势。我曾与许多企业主交流过，他们中的不少人就是因为在其他地方积累了技术与业务经验，一旦掌握了客户和资源，便选择独立创业。正所谓"天道好轮回"，有时企业可能在不经意间为自己埋下了隐患。

第四，此类人才的离职可能给公司带来重大风险。想象一下，一个既懂技术又精通业务且能胜任售后工作的人才一旦离职，其负责的客户很可能随之流失。即使项目已经签约，他离职后公司重新接手的难度也会大幅增加。

因此，如果我们能够将不同职能明确划分，并加强内部协同合作，那么人才招聘和培养都将变得更加简单高效。设想以下场景：

一个不懂技术的销售人员与客户沟通时，他可以向客户描述合作带来的益处，但无法详细解释实现原理和操作路径。当他与客户建立联系后，如果客户需要进行技术交流，他有两种选择：一是通过学习掌握相关知识以提升自己的专业水平；二是邀请公司的技术专家一同前往与客户交流，并带上负责售后的同事以解答客户在使用过程中的疑问。

在上述哪种情况下客户会更满意？又在哪种情况下，人才招聘和培养会更加简便呢？

如果我们能够提前明确内部协作路径，那么我们需要储备和培养的人才可能分为以下三种：售前工程师、销售工程师和交付工程师。而如果我们没有搞清楚这一点，我们可能会倾向于储备和培养全能型的销售人员。

接下来，我准备了一张简单的表格（表5-1），大家可以根据自己的实际情况，在表格中填写相应的内容，以明确人才发展目标。

表 5-1　企业年度销售人才规划表

No.	岗位类别	人才数量	实现路径
1			
2			
3			
4			

第二节　做招聘标准设计

企业的人才目标确定之后，接下来就需要进行人才标准设计。在这个阶段，有三个核心文件需要完成，分别是《岗位说明书》、《人才招聘标准》和《人才面试准备工具》。

《岗位说明书》是首要文件，它明确了岗位的具体要求。随后的《人才招聘标准》和《人才面试准备工具》都是基于《岗位说明书》来制定的。

关于《岗位说明书》，我们之前已经提供了范本供大家参考。大家可以参照这种格式来设计自己的《岗位说明书》。但请注意，《岗位说明书》只是一个总纲，还需要与许多标准化文件相匹配。

在这一节中，我们将重点指导大家如何制作《人才招聘标准》和《人才面试准备工具》。

由于这部分内容极其重要，且内部逻辑关系复杂，因此我们为大家提供了一个思维导图（图5-1），以便更清晰地讲解各个部分。接下来，我们将逐一进行详解。

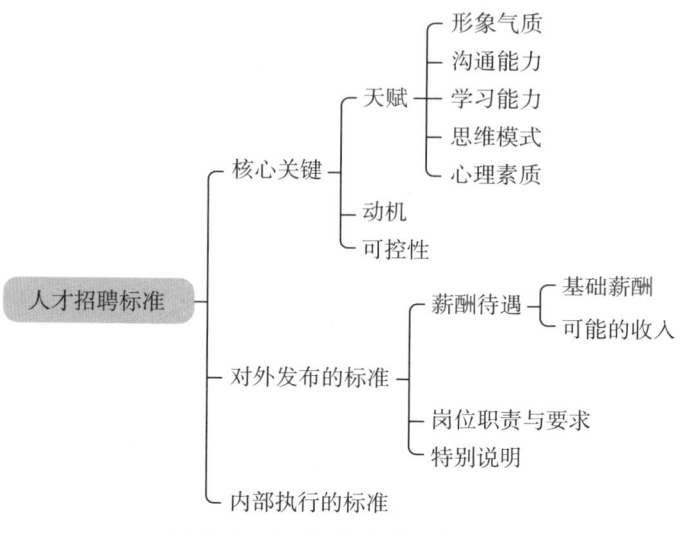

图 5-1 人才招聘标准思维导图

一、改变观念,抓住核心

前面我们讨论过,在传统的招聘观念中,我们常常过分看重行业经验、岗位经验、专业背景和眼缘等因素。然而,在招聘过程中,我们真正需要关注的是以下三个核心要点。

1. 天赋

什么是天赋?天赋是指个人天生具备的特质和能力。在销售领域,有些人似乎天生就具备做好销售所需的各种素质,而有些人即使再努力也难以达到同样的高度。

想要做好销售,销售人员需要具备一些关键的硬件和软件条件。硬件基础包括形象气质和声音条件,而软件条件则涵盖沟通能力、思维模式、学习能力和心理素质等方面。

这些都是天赋的一部分,很难通过企业的短期培训迅速改变。

1)形象气质。外貌和亲和力对销售工作具有重要影响,"颜值即正义"并非空谈。例如,华为公司在招聘接待人员时,倾向于选择空乘学校里最漂亮的女生。

然而,形象气质并不仅仅指外貌,更重要的是要让客户感到舒适并有辨识度。有些女性虽然外貌并不惊艳,但她们的亲和力足以赢得客户的喜爱。统计数据显示,圆脸的女性在销售中更容易成为销冠。对于男性销售人员来说,即使他们不帅,但如果给人留下温暖或真诚的印象,也容易获得客户的认可。

2)沟通能力。很多人误认为性格外向、健谈就意味着沟通能力强。然而,真正的沟通能力是指在具体情境中有效解决问题的能力。有时,沉默或者非言语的沟通方式可能比说话更有效[1]。

3)思维模式。要做好销售工作,需要具备两种重要的思维模式。第一种是站在企业的角度思考问题,以维护公司利

---

[1] 建议大家学习我们的"专业商务谈判的十二个原则与三十六个常用技巧"。后续我会再出版一本书,书名叫作《实用主义谈判策略》。

益；第二种是站在客户的角度考虑问题，以满足客户需求[①]。

4）学习能力。销售工作对个人的综合能力有很高的要求，销售人员需要对产品、技术和行业有一定的了解，同时还要熟悉业务流程、时事政治以及人心变化。这就要求销售人员必须具备良好的学习能力，以便不断提高自己的综合能力。

5）心理素质。面对重要客户或高层领导时，有些人可能会感到紧张或缺乏自信，从而导致沟通失败。然而，有些人天生就具备良好的心理素质，即使与大人物交流也能保持从容不迫。此外，面对挫折和压力时表现出的韧性和百折不挠的精神也是一种宝贵的天赋。这种心理素质在销售工作中尤为重要，因为它能帮助销售人员更好地应对各种挑战和困难。

我亲身经历过一件事，有位北京的女电话销售员给我打电话推销产品。其实我并不需要她推销的东西，但我在电话里跟她聊了半小时，甚至还指导了她一下如何更好地与客户沟

[①] 比如，在销售工作中有一种常见场景：销售员经常向公司申请特殊政策，希望通过降低价格来促成与客户的交易。然而，这种做法实际上揭示了两个问题。首先，它忽视了公司的利益。降价直接影响到公司的净利润，而利润的减少可能会对公司的生存和发展造成威胁。其次，一味降价并不一定能有效促成交易。客户在选择产品时，并不仅仅关注价格，还会考虑其他多种因素。客户的需求是多元化的，除了产品和价格，他们还会考察销售人员是否能够凭借自身能力和努力来弥补产品可能存在的不足之处。如果一个销售人员只关注价格，这可能反映出其能力的局限性。此外，降价对客户而言也并非总是有利的。因为缺乏利润可能会导致服务质量下降，长远来看，这可能导致供应商无法持续提供服务，客户不得不重新寻找其他供应商，从而面临新的风险和成本。

通。是我闲得无聊吗？并非如此。作为一个男人，听到电话那头的声音，我会自然而然地猜想：这个女生的声音如此悦耳，人应该也长得挺好看的吧。当然，我是个思想单纯的人，但好听的声音确实让我更愿意与她交流。

还有一位女销售员也给我留下了深刻印象。她是个残疾人，需要坐轮椅上班，也是做电话销售的。虽然她的声音条件一般，但她的心理素质非常强。其他人一天能有100分钟的通话时长就不错了，而她能达到200分钟以上。当其他同事被客户责骂而影响情绪时，她却能保持冷静。这主要是因为她从小身体不好，经历了很多人间冷暖，所以电话中的这点挫折对她来说并不算什么。此外，她非常勤奋，除了上厕所、吃饭和简单休息之外，她几乎都在打电话。与其他同事不同，她很少参与社交、购物或闲逛。

从前面提到的五项天赋的角度来看，销售人员的天赋与年龄也有一定关系。这是因为很多事情的认知是需要通过时间的积累来获得的，它与个人的经历密切相关，而与智力水平无关。

案例分享

某一次，我受邀前往江西南昌为一家企业的员工讲授销售方法。当时现场聚集了300多人，然而那堂课却让我有些尴尬，同时也深受触动。现在，我想把这个案例分享给大家。

这家公司主要从事贵金属业务，他们与银行携手合作，将具备金融属性的金属产品，如金、银等，放在银行网点进行销售。他们的销售团队主要由年轻人组成，而在招聘新销售人员时，他们更倾向于选择刚毕业的大学生，理由是"一张白纸好画画"。

在培训过程中，我强调了在日常工作中与银行网点建立良好关系的重要性，因为这对于后期销售工作的顺利开展至关重要。

这时，一个青春靓丽的小姑娘举手发言。她的话语让我稍感意外："老师，我们与银行是合作关系，双方都能从中获益，实现双赢。那么，为什么还要特意去处理关系呢？"我稍作整理，组织了一下语言，向她解释道："情感价值对客户而言同样重要，销售并非仅仅是简单的金钱与货物的交换。"

接着，我进一步强调了与客户领导保持良好关系的重要性，甚至在必要时需要关注客户的个人利益，以投其所好。那个小姑娘再次举手（这种积极态度值得肯定），然而她接下来的问题却让我一时语塞："老师，我在上海金山工作，上海是一个非常'干净'的地方，完全不存在'桌子下面的事情'。老师，您为什么这么缺乏正能量呢？"

面对这样的质疑，我竟无言以对。当时我有些恼怒，不禁质问："这个人是谁招进来的？"

有时候，我们会发现那些我们初看不起的人，最终却能取得令人瞩目的成就，让人大跌眼镜。这样的情况，你是否也曾遇到过？接下来，我将为大家讲述两个相关案例。

案例分享

　　我们公司专注于管理咨询，致力于为民营中小企业提供销售与销售管理方面的培训和咨询服务。从服务性质的角度看，这可谓是职场的一个天花板，因为我们是指引民营企业老板如何进行经营、管理和销售的导师。

　　对于销售员，我们的要求是能够收集客户在业务、管理和经营方面的信息，与客户进行深入沟通，协助他们分析问题所在，并提供具有针对性的建议，最终实现销售目标。

　　现在，请正在阅读本书的你思考一下，究竟什么样的人才能够胜任这样的岗位要求呢？

　　我们公司的销售冠军，出生于1981年，虽然只有初中学历，但她的能力却让人刮目相看。她曾是一名工厂女工，在车间里踩着缝纫机辛勤工作。在我们公司的销售团队中，除了她之外，其他成员都是大学生，然而无一人在销售业绩上能超越她。她与客户交流时，总能精准地触及问题的核心，有时甚至能让客户产生深刻的自我怀疑，觉得如果不接受我们的服务，他们的公司就难以生存。

　　这就是天赋的力量。

接下来，我再分享一个关于管理者的案例。这个案例可能会让你大跌眼镜，但对那家企业来说，这确实是一个明智的选择。

案例分享

在进行管理落地的过程中,我们对企业提出了一个明确要求:必须有一个专人负责抓执行,而这个人必须拥有严谨的工作态度。

在苏州,我们曾为一家企业提供过咨询服务。他们派了一个小姑娘来参与我们的学习。起初,我们经过评估后,对她的学习能力和理解能力有所担忧,因此建议企业更换人选。然而,企业老板表示实在无人可换,于是决定继续让她参与。

在实战环节,我们意外地发现这个小姑娘表现出色,她以极其严谨的态度对待工作。

有一次,老板一大早准备出门,却被她拦在门口。她严肃地说:"你不能出去,你的 CRM 还没有提交,这不符合我们的规定。"

老板急忙解释:"我要去见客户,你先让我走。"

但她坚决不让,回应道:"就算是老板也不行。咨询公司老师说了,不交 CRM 也要罚款。"

在这位小姑娘的坚持下,他们公司的执行力得到了显著提升。尽管她并不是传统意义上的聪明人,但她对规定的坚守和较真精神让她在这个岗位上发挥出了独特的价值。

后来,这家企业的老板到我们公司分享了这个故事,我们听后都忍俊不禁。但严格来说,这种较真精神也是一种天赋。

不同的岗位对人的要求各不相同。因此，我们需要深入了解每个岗位所需的特质，并招聘具备相应天赋的人才。

2. 动机

动机，简而言之，就是一个人想不想做某件事，也可以理解为"内驱力"。

有些人将员工划分为三种类型：自燃型、点燃型和阻燃型。

其中，自燃型员工最为理想，他们能自我激发动力；点燃型员工则需要在一定条件下被激发；而阻燃型员工则难以被激发，通常不被推荐。

销售工作有时显得颇为玄妙。成功并不总是取决于产品的优越性或是销售人员的专业素养。有时，仅仅是销售员的坚持和努力，便能深深打动客户，甚至激发出客户的同情，从而促成交易。

一个人的动力若足够强大，即便其能力稍逊一筹，也能通过不懈努力来弥补，长此以往，其能力很可能得到显著提升。相反，如果一个人动力不足，即便他原本能力出众，但如果没有适当的监督和管理，其工作表现可能平平，最终导致业绩不佳。

动力通常源于三个方面：生存压力、目标压力与竞争压力。

生存压力是最为直观且容易理解的。当个人面临经济压力时，为了生计而努力奋斗便成为自然而然的选择。

目标压力则源于个人对实现某个特定目标的渴望。当心中有一个尚未实现的目标时，这种渴望会驱使个人不断努力。

竞争压力则来自于与他人的比较和竞争。当个人感受到自己与他人之间的差距，或者不甘于落后于他人时，这种压力便会转化为前进的动力。

在这三者之中，生存压力是最容易被感知和利用的。而目标压力和竞争压力在实际操作中则相对难以掌控和预测。

入微观点

现在社会上有一种趋势，那就是很多公司在招聘时不太愿意考虑35岁以上的人，他们给出的理由多种多样，如性价比低、管理难度大以及能力欠缺等。然而，我个人却更倾向于招聘35岁以上的人。

让我来分享一下我们公司的招聘原则。

对于公司的核心岗位，如销售、辅导师、财务和人事等，我们通常更倾向于招聘35岁以上的人员，而35岁以下的人则较少考虑。这样做的原因主要有以下几点：

首先，许多年轻人还未经历过社会的磨砺，对职场环境的认知尚不充分。他们可能觉得，经过几年的大学教育，自己理应获得高薪，月薪若低于20000元便对不起他们多年的寒窗苦读。此外，年轻人由于有家庭的支持，生存压力相对较小，因此更可能任性而为，一旦不满便可能轻易辞职。更为重要的是，年轻人的认知能力有待提高，培养他们的成本过高，而且即便培养成功，他们也可能选择离开，这使得投入与回报不成正比。

其次，35 岁以上的人由于有着更多的人生阅历，他们对许多事情的理解更加深入和实际。这意味着培养他们的成本相对较低。同时，经过社会的洗礼，他们的性格更加坚韧，工作稳定性也更高。

最后，这个年龄段的人通常面临着更大的生存压力。当他们步入 35 岁以后，很多人会发现自己肩负着众多责任：房贷、车贷、孩子的学费以及逐渐失去劳动能力的老人等。在这种情况下，他们能够依靠的只有自己。

我们公司目前拥有大约 30 名员工，其中包括 10 位曾经破产的老板，他们的总负债超过了 1000 万元人民币。这群人在工作中表现出了极高的努力程度，只要薪资具有竞争力，他们便会全力以赴。在工作中，即使受到严厉的批评或者需要长时间加班，他们也能毫无怨言地接受。这是因为他们在社会上摸爬滚打多年，已经深刻理解了职场的规则和期望。

也有人认为，35 岁以上的人难以管理。然而，我并不这么认为。我觉得问题不在于他们难以管理，而在于我们可能没有找到正确的管理方法。关于这一点，我后面会详细解释。

---

3. 可控性

如果一个人的内在动机并不那么强烈，但其执行力出色，且愿意遵循他人的指导去完成任务，这实际上也是相当不错的。

在真实的工作环境中，员工的个人目标与企业的期望方向可能并不完全一致。事实上，许多人的潜力是被环境激发出来的。因此，即使某些员工在能力上稍显不足，只要他们愿意接受公司的引导，保持一定的可控性，在需要学习时学习，在需要努力时努力，他们的工作成果通常也不会太差。毕竟，我们中的大多数都是普通人。然而，如果一个员工虽然能力出众且非常努力，但难以控制，那么他们可能会带来意想不到的破坏。我们已经目睹了太多令人震惊的案例，其中企业的核心业务骨干因为"造反"、飞单或单干而给企业带来了巨大的损失。

综上所述，我们的招聘标准并不仅仅看重行业经验或专业背景，而是更加关注应聘者与岗位要求相匹配的天赋、动机以及可控性。这才是我们真正关心的核心要素。

二、招聘标准的设计

人才招聘标准适用于两个场景：一个是对外公开发布的标准，另一个是内部执行的标准。

我们内部执行的标准并不一定适合对外展示。例如，如果我们的岗位要求是男性优先，在对外发布时，可能会面临"性别歧视"的质疑。此外，我们对外的标准应该稍微宽松一些，以便吸引更多人才；而内部执行的标准则应更为严格，以确保能够筛选出不合适的人选。这两个标准在目标定位上有着本质的区别。

为了让大家更好地理解这一点，我们将通过一个具体案例来与大家分享，并通过对案例的详细解读，让大家更深入地了解设计招聘标准的细节。

案例分享

大客户销售员招聘标准

（一）对外公布的标准

岗位待遇：

1. 基础薪酬 15000 元/月（此薪酬不考核业绩，只根据能力与工作表现进行评定。只要员工严格按照公司的要求工作，即使没有业绩，也能获得这份基础薪酬）；

2. 岗位年收入预计 30 万元以上，团队中表现优秀者年收入可超过百万元。

岗位职责与要求：

1. 主要负责面向连锁超市与零食量贩品牌的销售工作；

2. 年龄要求在 30—40 周岁之间，学历要求大专及以上；

3. 应聘者需具备复杂的 B2B 销售经验，有工程、原材料、零部件等业务销售经验者优先；

4. 持有驾照，并能在工作中使用自有车辆的应聘者将优先考虑；

5. 应聘者需能吃苦耐劳，有强烈的赚钱欲望，并展现出充分的竞争精神；

6.需具备良好的沟通能力与协调能力，不仅能与客户进行有效沟通，还能与公司内部的生产、采购、物流等部门顺畅协调；

7.要求具备良好的学习能力，公司将对员工的学习效果进行考核，并将其与薪酬绩效挂钩；

8.应聘者必须具备良好的执行能力，对于公司提出的要求需无条件执行。

补充说明：

1.本职位原则上为单休，对此无法接受者请勿申请；

2.本职位可能需要长期出差和频繁应酬，这可能会对个人生活产生一定影响。追求生活和工作平衡者请勿申请（例如，家中有需要特别照顾的老人或孩子者，我们表示理解和尊重，但可能不适合此职位）；

3.公司的管理要求相对严格，无法适应约束者请勿申请；

4.对薪资无所谓，仅希望找个轻松工作混日子者请勿申请，我们强调高效和投入，不适合混日子的员工；

5.希望借此职位"镀金"后跳槽，并带走客户资源者，我们不予考虑。公司对过程控制严格，此类行为通常没有机会。

（二）对内执行的标准

天赋要求	形象气质	1. 身材尽可能匀称，不能给人太胖、太土、太矮、太瘦等感觉； 2. 面部清洁，保持胡须、牙齿、皮肤、头发等干净清爽； 3. 穿衣有品位，面试以穿正装且合体为佳（这个是态度问题）； 4. 眼神坚定不飘忽，举止成熟不轻浮。
	沟通能力	1. 具备良好的理解能力，我们说的话，对方能够听懂，且能理解可能的言外之意； 2. 具备良好的表达能力，条理清晰，语言节奏明快，吐字清晰，声音条件中等偏上； 3. 对销售工作中具体的沟通情境，具备相对专业的处理能力。（提前准备好销售场景中的问题，现场考验面试者）
	思维模式	1. 要有站在客户角度考虑问题的能力，能相对清晰了解客户的完整需求，而不只是关心产品、价格与竞争； 2. 要有站在企业利益角度考虑问题的能力，能相对清晰地了解企业对于业务以及销售工作的诉求。
	心理素质	1. 招聘过程中，多人一起对面试者进行面试，营造压力氛围，观察其反应，是否足够从容，能否照顾到现场更多人，能否快速打破僵局； 2. 在面试过程中，面对可能有冲突性的、非完全善意的试探，有什么样的反应； 3. 面对有压力的销售目标，会有什么样的反应。

（续表）

学习能力	1. 将公司介绍／产品介绍等资料，给面试者熟悉一段时间，然后要求做简单介绍，评估其学习、归纳、总结的能力，也同时评估其沟通能力； 2. 在培训期／试用期评估其学习能力，主要是认知基础与个人的智商。
认知基础	与销售工作有关的认知基础，主要是拿销售工作中比较常见且棘手的问题考验面试者。
动机要求	1. 评估其有没有生存压力，主要是家庭情况、个人经济情况等； 2. 评估其有没有目标压力，且要明确了解其目标所在与所付出过的努力都有哪些、职业规划是什么、人生规划是什么等。到这个年纪应该已经有过思考，如果还没有思考过，这类人基本上谈不上优秀。
可控性要求	1. 能不能接受单休、出差、应酬； 2. 能不能接受使用 CRM 做工作计划与工作汇报； 3. 能不能接受公司的考核模式； 4. 能不能接受公司严格管控的团队文化。

以上是一家食品企业对大客户销售人员的招聘标准，我们将以此案例为基础，跟大家详细解读招聘标准的设计原理。由于内容比较多，我们将采用表格的形式进行展示，以便清晰地呈现各个要点。若表格的空间有限，我们将通过脚注的方式提供额外的说明和解释。

第一部分：对外公布的标准解读

No.	关键要点	要点说明
1	岗位待遇	在岗位薪酬待遇方面，有三个重要的知识点： 1. 先讲待遇，后讲要求，招聘是为了吸引潜在的求职者，而求职者的习惯是先看薪酬待遇①。为什么我们有时间招聘却没有人投简历？就是因为我们没有把最具吸引力的内容先让人家看到； 2. 基础薪酬要具备竞争力，我们才好挑人②； 3. 真正优秀的人会很关心天花板有多高，人是跟着希望走的，在招聘的时候，我们要把希望塑造出来。
2	年龄要求	这个岗位是大客户销售岗位，为什么要求30—40周岁且大专以上学历呢？有以下几个原因： 1. 30岁以下年龄太小，待人接物可能存在短板；40岁以上体能开始下降，可能干不了几年，做销售还是挺辛苦的事情，尤其这个岗位要经常出差、应酬； 2. 不是说在这个年龄之外就一定不行，但这个年龄段的人确实具备一些优势，各方面都相对成熟，而且体力、精力也充沛； 3. 没有受过正规教育的，学习能力难说，如果我们的薪酬具备一定的竞争力，应该可以招聘一些学历相对高一些的。

---

① 很多招聘网站有薪酬范围的设计，比如工资范围5000—10000元，大家觉得工资就是5000元，收入上限是10000元，会给求职者误导，我们在写招聘说明的时候，一定要注意这点。

② 一般来说，薪酬待遇设置成同行的1.5—2倍，会很有竞争力。只要这个人确实有能力，花这个钱还是值得的，建议大家去读一下我已出版的《销售团队薪酬绩效设计入微模式》一书。

（续表）

No.	关键要点	要点说明
3	经验要求	所谓的经验，不是干多久，而是对某些具体事情的理解能力和对具体问题的解决能力： 1. 这个行业的大客户销售主要是搞人际关系，而不是搞产品，所以，有没有经历过复杂的B2B工作的经历很重要，因为需要的特质相同； 2. 这些特定行业的模式与这个岗位的相同，所以可以优先考虑这些行业。
4	驾驶能力	会开车和不会开车，效率差距太大，因此，为了保证工作饱和度，不会开车的坚决不录用。
5	工作时间	单休、双休这件事情，可以筛掉不少动机不足的销售人员。我们理解求职者对双休的要求，但企业如果给的薪水还可以，那就去选择那些可以全身心投入工作的人。
6	生活节奏	销售工作要求全身心地投入，如果家庭牵绊太多，会影响工作。 在这个问题上，很多人理解、同情别人的家庭情况，我希望大家能够回到企业经营、管理的目标上来，只找对自己有利的人才。
7	管理要求	在招聘过程中，最容易被忽视的一点是先筛选掉不合适的人选。 由于很多企业提供的待遇一般，且企业价值塑造不足，导致选择权受限，因此在招聘过程中常常需要哄着求职者进入公司。然而，如果我们的薪酬具备竞争力，我们就应该采取措施主动筛选掉不合适的人选，让他们在看到我们的招聘要求后自行放弃，从而节省双方的时间。

第二部分：对内执行的标准

No.	关键要点	要点说明
1	沟通能力	对沟通能力的评估，不能仅凭主观感觉，而应该通过提出实际工作中遇到的具体问题，来观察对方对这些问题的理解和应对。这就要求我们在日常工作中要善于总结经验，以便更准确地评估和提升沟通能力。[1]
2	思维模式	对思维模式的评估，实际上也应该以具体问题为基础。我们需要整理和提出那些在工作中可能需要从公司利益和客户视角出发考虑的问题。 例如，有些销售人员经常向公司申请降价政策，希望通过这种方式来实现销售目标，这可能就是缺乏从企业整体利益角度思考问题的表现。
3	心理素质	这个岗位要求能与大客户的高层进行有效沟通，因此对心理素质的要求相对较高。从这个角度来看，该岗位对年龄确实有一定要求，因为过于年轻的销售人员有时在面对客户高层时会显得不够自信和从容，这可能会严重影响销售业绩。 对逆境的承受能力同样是心理素质的重要方面。当行业大环境低迷或大客户流失等逆境出现时，优秀的销售人员应能够保持冷静，无论面对何种问题，都能稳如泰山地应对。
4	学习能力	有些人表面上看起来很会说话，给人感觉挺机灵，但实际上他们的学习意愿和能力都较为普通。那些不愿意学习或学习能力较差的人，对于团队而言可能会带来一些麻烦。因此，在评估一个人时，我们需要对他的学习能力进行考量。

---

[1] 企业内部的标准化文件中，"销售工作中常见问题的分析与解决"占据了重要地位。

（续表）

No.	关键要点	要点说明
5	认知基础	大家通常更关注经验，但真正的经验源自认知基础，这与在行业中工作的时间长短并无直接关联。有些人即便工作十年也未见显著提升，一直沿用相同的经验；而有些人在短短三年内便能取得他人十年才能达到的成就，这是因为他们提升迅速且天赋出众。 在招聘时，我们应明确应聘者必须具备的认知基础，并确定通过哪些事项来评估他们的认知能力。为此，我们需要提前准备相应的内容以便有效地考察他们。[①]

在人才招聘过程中，招聘标准无疑是一个极为核心的话题。因此，在本书中，我们将着重笔墨对其进行详尽的阐述。

在所有考量要素中，天赋这一概念看似较为抽象，然而，我们可以通过一定方式将其具体化。

很多企业在招聘时常常犯一个错误：一旦发现员工的某个优点，就容易忽视其身上的缺点。然而，在实际工作中，这些缺点可能带来极大的破坏力。因此，在对人才进行评估时，我们需要一套完善的方法。

在这方面，入微咨询推出了一门网课——"销售人员的

---

① 对于认知基础的考评，建议大家参考我们的"销售人员的十三门基本功"课程。此外，在附录中，我们也为大家提供了一些针对重要岗位的基本功评估工具。

十三门基本功",建议大家有机会去学习一下①。同时,在附录二中,我们为大家准备了一个实用的工具,即《销售人员基本功评估工具》。通过结合网课内容和评估工具,大家可以对求职者的基本功进行全面评估。

要判断一个人是否适合从事销售工作,关键在于评估其是否能在具体的销售场景中解决实际问题。希望大家能深入理解和掌握销售人员的评估表。

同样地,对于一线销售管理人员,我们也需要评估其作为管理者的基本功。在附录三中,我们提供了《销售主管基本功评估表》供大家使用。

如果需要招聘企业的销售负责人,附录四中的《销售总监基本功评估表》将是您的得力助手。

请大家结合我们的网课来理解和使用这些基本功评估表,以确保招聘到合适的人才。

三、人才面试准备工具

在面试阶段,我们必须做好充分的准备,对面试对象进行全面评估,以尽可能避免看错人,从而减少企业的损失。

---

① 销售人员的基本功包括十三项:1)时间管理能力;2)沟通准备能力;3)信息收集能力;4)分析客户需求的能力;5)影响客户采购标准的能力;6)服务客户的能力;7)获得客户信任的能力;8)节奏控制的能力;9)客户管理的能力;10)发展人脉的能力;11)组织协调能力;12)优化自身外在形象的能力;13)情绪管理能力。

面试准备工具是一个为面试者设计的结构化工具，旨在规范面试者的评估范围。该工具还能统一招聘参与者的标准，降低对招聘人员的要求。通过面试准备工具，我们将面试中需要关心的关键问题，如天赋、动机和可控性等，进行固化。

在附录五中，我们为大家提供了《销售人才面试准备清单》的范本。各位可以根据企业的实际情况，参照该范本制作适合自己的清单。

第三节　薪酬绩效设计

我们之前提及，企业难以招到杰出人才与薪酬绩效设计密切相关。若缺乏合理的薪酬绩效制度，吸引优秀人才将变得十分困难。

在薪酬绩效设计环节，我们遵循一个核心原则：以具有竞争力的薪酬吸引优秀人才，并设定较高标准来要求他们。简而言之，就是"高薪酬，高标准，严要求，吸引优秀人才"。

在招聘过程中，薪酬绩效设计旨在为求职者明确两个问题：我能获得多少报酬？以及我应如何获得这些报酬？

鉴于本书的核心议题是销售人才的招聘与培养，在薪酬绩效设计方面,我们将着重阐述以下三个要点。

一、薪酬设计的核心指导思想是投入与产出关系

很多企业在薪酬设计上,比较关心本地区的工资收入水平和行业的工资收入水平,认为我们这里也就这么多钱,我们行业也就这么多钱,没有必要给得太多。

然而,在企业的人才经营过程中,我希望大家能够放下这种"必要性"的思考,而是从企业的长远利益和持续发展的角度去"权衡利弊"。

例如,假设本地区或本行业的平均工资水平为 5000 元/月,企业在招聘时有以下三个选择,那么应该选择哪个方案呢?

A 方案:以 4000 元/月招人。这种情况下,虽然也能招到人,但缺点是招聘速度慢,员工的素质可能不高,且管理难度较大,企业难以对员工提出高要求。

B 方案:以 5000 元/月招人。在这种情况下,企业可以招到人,招聘速度和员工水平都属中等,但很难吸引到顶尖人才。管理上有一定难度,因为对员工要求稍高,他们可能就会离职。

C 方案:以 15000 元/月招人。大家思考一下,这种方式能否吸引更优秀的人才?如果能招到更优秀的人才,与 B 方案比较,他们每年为公司多赚 12 万元的可能性是否存在?如果答案是肯定的,且成功概率较高,那么这笔钱是值得投入的。

另外，从工资角度看，15000元/月确实比5000元/月高出很多，但如果从成本角度考虑，企业为工资15000元/月的员工所付出的实际成本，并不比5000元/月的员工高出很多，甚至可能更低。

人才是企业的核心资产，是实现企业资产变现的重要载体。从这个角度来看，我们需要的是真正优秀的人才，而非一般的人才。

因此，在薪酬设计上，我们最需要关注的不是给多给少的问题，而是如何给付才能对企业更有利。

二、薪酬绩效设计不能只关注结果，要对过程有要求

民营中小企业在设计销售团队的薪酬时，通常都是以结果为导向。

目前流行的KPI、OKR等模式，都是基于结果评价来进行绩效考核的。这些模式源自西方成熟的大企业，并传入中国，它们确实有其存在的合理性。然而，这些模式很难解决许多企业面临的一个客观问题：如果员工能力不足，那么无论我们如何考核业绩，都难以取得理想的结果。

在管理过程中，实际上，过程的重要性往往超过结果。当结果不理想时，问题通常出在过程中。因此，把过程管理好，结果往往不会太差。

在薪酬绩效设计中，我们应该将过程中的关键控制要素与薪酬挂钩。这样做将更有利于达成理想的结果。通过关注过

程并设定相应的薪酬激励，我们可以引导员工更加注重工作的执行过程，从而提高整体业绩。

三、提成可以设置起始业绩要求

有些企业明白，提高薪酬能更容易地吸引人才，但又担忧这会增加企业成本，影响利润。对此，我有个建议：可以为销售人员设置业绩提成的起始业绩要求。

以入微咨询为例，在招聘时，我们为电话销售人员设定了 12000 元的基础薪酬。这部分薪酬与业绩无关，主要基于销售人员的能力和工作表现来考核。我们要求员工努力学习，展现出色的执行力，并严格遵守公司的管理规定。即使没有业绩，这部分薪酬也是固定的。

然而，企业毕竟需要考虑成本。为了平衡高薪酬带来的支出，我们规定销售人员在试用期的三个月内未达到 24 万元的销售业绩，则无法获得提成；试用期后，若三个月内未达到 30 万元的销售业绩，同样无法获得提成。

大家可以对比低底薪高提成的模式与我们这种高底薪且设有起始业绩要求的模式，看看哪种方式在招聘、提出要求以及对企业利益方面更有优势。

薪酬绩效设计是一个相当复杂的系统工程。建议大家有空时研究一下我们的另一本书——《销售团队薪酬绩效设计入微模式》。这本书专为处于过渡期的民营中小企业撰写（所谓的过渡期，指的是企业人才能力不足、管理尚未成熟的状态）。

第四节　做管理要求设计

当新人加入公司后,我们应该对他们提出哪些要求呢?许多企业在新员工到岗后才提出具体要求,但这种做法显得不够成熟,并可能给企业带来风险。

如果我们没有提前明确告知管理要求,而是在工作过程中逐步透露,这很可能导致新员工无法接受并随即离职。这种情况对企业而言,无疑造成了时间和成本的浪费。

做管理要求设计的目的,实际上是为了进行更好的可控性测试。如果候选人无法接受我们的管理要求,那么他们最好就不要加入,因为即使加入了,对我们也没有太大益处。

在设计管理要求时,最佳实践是将这些要求有形化,例如形成书面文字或录制成视频与员工分享。

接下来,我想分享一下我们公司的相关经验,希望能为大家带来一些启发。

案例分享

入微咨询的管理要求

在招聘之前,我们制作了一个短视频,时长不到五分钟。在这段视频中,我们详细阐述了公司的管理文化以及新人加入公司后可能面临的压力等方面。视频中最重要的一点是我们明确提出了"不要来"的建议:我们的收入水平尚可,因此我们希望那些不符合我们要求的人在最初就能自觉止步,这样我们可以节省大量的时间和精力。

经过实践验证,这种方法的效果非常好。在 BOSS 直聘或智联招聘等平台上招聘时,我们会先让求职者观看这个视频。结果,许多求职者选择只阅读招聘信息而不回复,这无形中为我们节省了大量的精力。

入微咨询的管理要求

No.	管理要求
1	本公司为创业型公司,原则上实行单休制度,且加班是常态。无法接受此工作安排的请勿扰。
2	入微咨询要求所有员工对工作任务负责,而不仅仅是对工作时间负责。当天的工作任务必须完成才能下班,不能接受的请勿扰。
3	在公司犯错时,受到训斥或被处罚是很正常的情况。无法接受的请勿扰。
4	公司要求员工每天按要求打卡,并在 CRM 系统中填写工作计划和工作结果。无法接受这种约束的,请自行选择放弃。
5	公司对学习要求较高,需要员工常态化地进行学习和考试。考试不合格者将扣除绩效。无法接受的请勿扰。
6	公司对所有员工的要求是服从并执行指令。对于想法过多、沟通成本过高的员工,请止步。

大家可能觉得我们的要求过于严苛,但我们的优势在于提供较高的收入。平均月薪超过 2 万元,而优秀员工的年收入甚至可以达到 50 万元以上。有了这样的薪酬基础,我们

有理由对员工提出更高的要求。

  在人才招聘过程中，我们会在求职者面试时，将相关的管理要求整理成文件或制作成视频资料，让他们在入职前就有所了解。如果对方无法接受这些要求，那他们就不必加入我们公司了。

  对于那些真正希望找到一份好工作并努力赚钱的人来说，这些管理要求实际上对他们是有益的。我们渴望的人才不会因为我们的管理要求太高而退缩，反而可能会因为我们的与众不同而选择加入我们。

第五节　招聘信息发布

  在前期准备工作完成后，我们进入了招聘信息发布的阶段。在这个过程中，我建议大家要循序渐进，确保所有准备工作都做到位，切忌操之过急。

  许多企业在招聘时，由于缺乏经验，不擅长发布招聘信息，导致信息虽然发布出去，但却无人问津，也无人投递简历。之后，这些企业可能会抱怨招聘效果不佳。然而，真正的问题在于，这些企业并未掌握如何有效利用招聘平台。

招聘信息的发布主要涉及两个核心内容：公司介绍和职位介绍。

在公司介绍方面，许多企业往往抓不住重点。他们倾向于详细描述公司的主营业务、行业地位和发展历史等，然而这些信息对于求职者来说并非最为关键。求职者真正关心的是，在公司中他们可能获得什么样的机会和收入。事实上，大多数企业的公司介绍更像是为客户而非求职者准备的。

若不信，你可以查阅自己公司招聘网站上的公司介绍，或者关注你熟悉的公司在网上的公司介绍。你会发现，大多数情况确实如此。

那么，如何撰写公司介绍才能取得更好的效果呢？大家可以参考入微咨询的公司介绍。

公司简介　　招聘职位(0)

公司简介

入微咨询是一家专业的管理咨询机构，专注于销售领域，致力于为民营中小企业提供专业化、系统化的解决方案。目前，我们在细分市场中占据优势地位，公司抖音号（入微咨询-教你做销售）已拥有78万粉丝，办公面积达到2100平方米。

公司的核心业务涵盖六大板块：

1. 在线视频课程；2. 线下公开课程；3. 管理咨询业务；4. 人才培养业务；5. CRM软件业务；6. 对外投资业务。

入微咨询的未来目标是成为销售人才职业教育领域的领军者，并努力实现公司主板上市。我们期望核心岗位中年收入达到百万的员工能占到三分之一以上。

关注入微咨询的理由如下：

1. 入微咨询是一家专注于人才培养的机构。作为公司员工，学习成长将是一项重要的福利。
2. 公司的用人原则是用具有竞争力的薪酬吸引优秀人才，并提出高标准要求。我们希望员工在这里能够活得有尊严，同时也会在严格的要求下快速成长。在这样的环境下，大家将有更多的赚钱机会和更快的成长空间。
3. 入微咨询在市场活动中始终保持着尊严和尊重。我们的客户对我们充满敬意，这也让我们能站着吃饭，活得更有尊严。
4. 公司正处于快速发展的上升期，充满了各种机会。我们预计在两年后开始进行股改。

收起 ▲

这是我们在智联招聘上发布的公司介绍，主打的是"吸引力"。如果我们的公司介绍对求职者缺乏吸引力，那么这份介绍在招聘平台上无疑是失败的。

招聘信息发布的第二个关键点是职位介绍。让我们回顾一下前面的招聘标准设计：

岗位待遇：

1. 基础薪酬15000元/月（此薪酬不考核业绩，只根据能力与工作表现进行评定。只要员工严格按照公司的要求工作，即使没有业绩，也能获得这份基础薪酬）；

2. 岗位年收入预计30万元以上，团队中表现优秀者年收入可超过百万元。

岗位职责与要求：

1. 主要负责面向连锁超市与零食量贩品牌的销售工作；

2. 年龄要求在30—40周岁之间，学历要求大专及以上；

3. 应聘者需具备复杂的B2B销售经验，有工程、原材料、零部件等业务销售经验者优先；

4. 持有驾照，并能在工作中使用自有车辆的应聘者将优先考虑；

5. 应聘者需能吃苦耐劳，有强烈的赚钱欲望，并展现出充分的竞争精神；

6. 需具备良好的沟通能力与协调能力，不仅能与客户进行有效沟通，还能与公司内部的生产、采购、物流等部门顺畅协调；

7. 要求具备良好的学习能力，公司将对员工的学习效果进行考核，并将其与薪酬绩效挂钩；

8. 应聘者必须具备良好的执行能力，对于公司提出的要求需无条件执行。

补充说明：

  1.本职位原则上为单休，对此无法接受者请勿申请；

  2.本职位可能需要长期出差和频繁应酬，这可能会对个人生活产生一定影响。追求生活和工作平衡者请勿申请（例如，家中有需要特别照顾的老人或孩子者，我们表示理解和尊重，但可能不适合此职位）；

  3.公司的管理要求相对严格，无法适应约束者请勿申请；

  4.对薪资无所谓，仅希望找个轻松工作混日子者请勿申请，我们强调高效和投入，不适合混日子的员工；

  5.希望借此职位"镀金"后跳槽，并带走客户资源者，我们不予考虑。公司对过程控制严格，此类行为通常没有机会。

招聘网站上有些设置，对企业来说是不利的，比如下面这个：

大部分人对于月薪9000—14000元薪资范围的理解是，每月的基本工资至少9000元，总收入能达到14000元。然而，实际上许多公司的实际薪资和招聘网站上公布的薪资存在一定差距。因此，在岗位介绍时，我们需要明确说明这一点，以避免误导求职者。此外，在撰写岗位说明时，应首先明确薪酬待遇，这样才能吸引求职者继续阅读后续内容。

从本质上讲，撰写招聘说明也是一种销售过程，旨在吸引优秀人才加入，同时筛选掉不合适的人选。这与销售中的客户筛选相似，即吸引优质客户，排除不合适的客户。

发布招聘信息后，为了迅速提高曝光率，我们应充分利用各种工具并投入必要的资金。时间是最宝贵的资源，因此，尽快招聘到合适的人选，让他们尽快融入团队并发挥作用，比节省一点费用更为重要。

然而，在实际工作中，许多企业的 HR 不愿投入这些资金，担心向老板提出申请会遭到批评。专业的 HR 应该主动向老板提出需求，因为 HR 的职责不仅仅是节省成本，更重要的是合理地投入资金以实现更好的效果。这是 HR 需要认真考虑的问题。

第六节　人才面试评估

招聘信息发布后，我们会接收到大量的简历，特别是当薪酬具有竞争力时，投递简历的人数自然会增加。如果按照常规方式进行面试，成本会很高，而且效果也不一定理想。那么，应该如何应对呢？本节将为大家介绍具体的操作方法。

我们将人才面试划分为三个阶段：初步筛选、面谈评估与测试。

第一阶段：初筛

所谓初筛，就是在投递简历的求职者中筛选出大部分不合适的人选，从而减轻后续的面试工作压力。

在选择人才时，我们主要关注三个核心要素：天赋、动机和可控性。虽然天赋和动机不容易进行远程评估，但可控性却是可以判断的。

在这一阶段，我们会向求职者发送公司的要求，让他们了解公司的管理文化。核心信息是：尽管我们提供具有竞争力的薪酬，但我们也坚持高标准、严要求。在我们公司，混日子是不可能的，员工需要不断学习、接受考核，如果能力不达标，将会影响绩效考核。

对于那些无法接受这些要求的求职者，他们自然会选择放弃。

在招聘实践中，通过这种方法，我们能够筛选出 90% 以上不合适的求职者。

第二阶段：面谈评估

经过初筛后，剩下的是表面上愿意接受我们管理要求的求职者。在这个阶段，我们需要通过面谈来评估他们的天赋与动机，并再次验证他们的可控性。

对于天赋的评估，我们会根据《面试准备清单》的要求，逐一与求职者沟通了解，并详细记录。

在评估销售人才时，销售人员、销售管理人员、销售负责人这三个不同的角色，我们评估的内容和重点是有显著差异的。为了帮助大家在人才评估时更加准确，我们准备了三个表单放在附件中，供大家参考。这些表单对于人才的甄别会非常有帮助。

在面谈评估中，一个常见的错误是过于关注求职者的过去经历，并据此推测其未来表现。然而，我们真正需要关注的是求职者具备哪些能力可以帮助他们在我们公司达成业绩目标。

此外，我想再次强调的是，很多企业的 HR 由于对销售工作的认知不足，导致在人才评估阶段可能会遇到一系列问题。他们可能会片面追求一些看似有价值但实际上并不重要的因素，如学历、行业经验、专业背景或资源等。从长远来看，我们更应该关注的是求职者的天赋、动机和可控性。

在动机评估方面，我们需要特别关注求职者的经济状况和个人目标。

我们寻找的是那些有一定经济基础但仍有强烈挣钱欲望的人。对于不缺钱的人，除非他们有强烈的自我实现愿望，否则他们可能缺乏努力工作的动机；而对于太缺钱的人，他们可能会因为经济压力过大而影响工作状态。

有些人的动机来源于个人目标的实现。这类人通常具有较强的个人能力和较高的自我要求。在与他们沟通时，我们需要了解他们的个人目标是什么，并评估我们是否有能力帮助他们实现这些目标。如果我们不能帮助他们实现目标，那么最好尽早让他们离开。

如果一个人既没有经济压力也没有目标压力，那么这种人可能很难被管理。建议尽早放弃他们，即使他们具有较强的能力，也不一定是合适的人选。

在这个阶段的工作中，我建议大家采用结构化的面试方法。企业的 HR、销售部门的管理者或负责人以及小企业的老板都应该参与进来，以便对人才进行全方位的了解。这样可以弥补各自的不足，提高面试的准确性。

第三阶段：测试

坦率地说，我们认识到，即使我们非常专业和厉害，也很难保证对人的判断绝对准确。每个人都有认知盲区，而求职者为了获得更好的工作机会，可能会对自己进行深入的包装和表现，这有可能导致我们的误判。为了解决这个问题，我们需要对人的胜任能力进行测试。

测试分为两个环节，第一个环节是面试阶段的测试，第二个环节是岗前培训阶段的测试。

让我来介绍一下我们入微咨询在面试阶段测试的做法，希望让大家有所启发和借鉴。

入微咨询对求职者会进行一个为期一整天的测试。测试通过的求职者，我们会正式发放 OFFER；测试未通过的，我们会给予 300 元的劳务费。对于那些不愿接受这种测试方式的求职者，我们则直接不予考虑。

在测试期间，我们特别重视两个环节。

首先，我们会让求职者观看我们的网课，可能是"顾问式销售（升级版）"或"销售业绩导航"，具体根据岗位的不同而选择。观看完毕后，求职者需要结合自己的理解，向我们阐述 20 分钟，这样我们可以考察他们的理解能力、表达能力和学习能力。

其次，我们会向求职者介绍我们与客户沟通的话术，并让他们打电话给我们的同事或关系较好的客户。通过这一环节，我们可以评估求职者在电话沟通中的状态、语言表达和心理素质。

经过这两个环节的测试后，我们再根据结果决定是否录用该求职者。

入微咨询的业务相对简单，我们只需进行简单的测试即可，但对于业务场景较为复杂的企业，就需要更为深入地设计测试方法。

通常，我们建议大家基于实际的业务场景来设计测试内容。在实际场景中，我们可能会遇到哪些问题，应把它们整理出来，并在测试过程中模拟这些场景，以观察求职者的表现。

真正优秀的人才能够迅速融入角色,并有良好的表现,因为这些场景对他们来说较为熟悉。而那些经过包装的人才,在这种场景下往往会立刻暴露无遗。

接下来是第二个环节岗前培训阶段。这一阶段不仅可以提升员工对岗位的胜任能力,还可以再次确认他们的学习能力、表达能力和思维模式。若发现不合适的员工,应提前清退,这对企业来说是一种及时的止损措施。

然而,我们发现大多数企业的销售人员并没有接受岗前培训,这就错失了对人才进行进一步评估的机会。

最后,我们来总结一下。人才的评估是一个系统工程,我们需要全面评估求职者与岗位要求之间的匹配性。切忌只看到求职者的一个优点就接受他们所有的缺点。招人就如同找对象,谈恋爱时我们看的是对方的优点,但结婚后却要与对方的缺点过日子。作为招聘者,我们绝不能有"恋爱脑"!

第七节　入职时的关键动作

我们将本节内容单独列出,旨在规避企业在人才引入过程中可能存在的漏洞。

我们有一位开律师事务所的朋友，他曾向我们讲述过一个与劳动法相关的官司。在该案例中，求职者先是通过简历造假获得职位，随后利用《中华人民共和国劳动法》对企业进行"碰瓷"式诉讼。当案件上法庭后，尽管企业提交了求职者简历造假的证据，但法官的裁决却令人意外。法官指出："这是企业的问题，你们为何没有进行充分的背景调查？"

对于民营中小企业而言，背景调查并非易事。并非所有调查都能得出明确结论。原用人单位在多数情况下，除非遇到特殊情形，往往会尽量给予正面评价，通常的回答都是"还可以"。

在企业经营过程中，我们必须遵守国家的法律法规。然而，当前的法规体系在某种程度上并不利于企业。在多数劳动仲裁和劳动官司中，员工往往胜诉，企业则处于相对弱势地位。

鉴于上述情况，当新人加入公司时，我们必须确保以下几个关键动作得以有效执行。

No.	关键动作	关键动作说明
1	明确岗位要求	我们需要向求职者展示岗位说明书，并对其进行详细解读。在确保对方充分理解并接受说明书内容后，再安排其正式入职。 从法律的角度来看，要确保完全合规，需满足以下两个条件：第一，必须获得求职者书面确认并签字；第二，解读岗位说明书的过程需要进行录像记录。我们需要逐条解释说明书内容，并确保求职者对每条内容都进行了确认。在特殊情况下，如果对方否认曾接受解读，我们可以将所提供的证据提交司法鉴定。 请大家不要轻视这个问题，当经济环境不佳时，碰瓷事件可能会增多，我们必须采取措施保护好自己。

（续表）

No.	关键动作	关键动作说明
2	明确考核制度	我们该如何考核对方的工作表现呢？首先，必须制定书面的考核规则，并要求对方签字确认。其次，可以借鉴派出所的做法：在做完笔录后，让对方写下"以上内容我看过，与双方之间的约定相符"并签名。最后，使用红色印油在签名及该句话上按手印。如果条件允许，最好对整个过程进行录像。 如果对方不愿意接受这种考核方式，那么我认为我们就没有必要再考虑录用他了。
3	明确退出机制	一般来说，虽然在试用期阶段我们理论上可以随时让对方离开，但法律上的规定并非如此。因此，在与对方签订劳动协议时，我们需要先明确退出机制，即何时可以按正常流程要求其离开公司。 因此，我们必须在合同中详细规定试用期内的能力提升、工作表现以及业绩达成的具体要求。如果对方无法达到这些要求，我们就有权解除劳动关系。 为了避免此类纠纷，这种退出机制必须让对方签字确认。只有这样，对方以后找我们进行劳动仲裁或者提起诉讼的可能性才会大大降低。
4	签订劳动合同	劳动合同是必须要签订的，社保也是一定要缴纳的，特别是在像上海这样的大城市，社保是与实际收入而非仅仅是工资挂钩的。如果不签订劳动合同、不缴纳社保，一旦出现问题，将会带来无法预想的严重后果。 我们绝不能抱有侥幸心理，认为某个人看起来挺好，就不会与我们产生纠纷。往往出事的都是那些过于自信的人。因此，我们必须严格遵守相关法律法规，确保企业和员工的权益都得到充分保障。

以上这几条经验，是我们在多年经营公司和提供咨询服务过程中积累的宝贵经验。我们希望大家能够吸取这些经验，

尽量避免犯错误，确保企业运营的顺利进行。

第八节　试用期管理

当销售人才加入公司后，我们通常会设定三到六个月的试用期。这个阶段可以被视为企业与新员工之间的"磨合期"，双方都在此期间确认是否有进一步合作的价值。

在试用期，企业往往更关注员工的业绩表现。传统上，如果员工在三个月内达到业绩目标，则可以顺利通过试用期；反之，则可能无法通过。

然而，在一些企业中，这种传统做法可能会引发问题。试用期的真正目的应该是评估新员工未来达成目标业绩的可能性，以及通过试用期的观察和磨合，判断其能力与工作表现是否满足公司要求。虽然业绩目标的达成情况是一个重要的参考指标，但它不应成为最终的决定性因素。

在实际管理工作中，我们可能会发现，有些员工在试用期内虽然没有显著业绩，但如果给予他们更多时间，他们可能会在未来展现出更好的业绩。相反，有些员工在试用期内表现出色，但随后的业绩却表现平平，这可能是由于运气或短期内有效利用了公司资源。

因此，在试用期，我们真正需要关注的是员工的天赋、动机和可控性。

基于以上考虑，在试用期管理中，我们应重视以下五个关键动作：

No.	关键动作	关键动作说明
1	岗前培训	岗前培训是很容易被大家忽视的一个环节。有些企业会设立专门的岗前培训阶段，要求求职者只有通过培训考核才能进入试用期，而有些企业则是在试用期内进行岗前培训。 即使我们招聘的是同行业的人才，由于每个企业的产品和内部规则都会有所不同，因此岗前培训仍然是必不可少的。具体的操作方法，我们将在下一章进行详细的说明。 岗前培训不仅可以帮助新员工更快地适应企业文化和工作环境，还能提升他们的工作效率和业绩表现。因此，我们应该充分重视岗前培训，确保每一位新员工都能接受到全面而系统的培训。
2	月度知识能力考核	销售人员必须在试用期内对专业知识、业务流程以及管理要求有一定程度的了解和掌握，否则这将直接影响到他们销售业绩的达成。 在试用期内，新人需要不断深化对各项内容的熟悉程度，学习必须持续进行。为此，我们每月都会安排考试，而考试的结果将与薪酬直接挂钩。这样的做法旨在双管齐下：一方面，它能激励大家更加重视对专业知识的学习；另一方面，它也能帮助我们在能力不足的员工身上减少不必要的成本支出。

(续表)

No.	关键动作	关键动作说明
3	导入目标计划管理	管理的核心在于对过程的精准控制，而过程管理的基础则是目标计划管理。通过目标计划管理，我们可以清晰地了解到团队成员的工作饱和度和工作有效性，进而判断他们是否努力工作以及是否按照公司的要求执行工作。 实施目标计划管理的基本条件是必要的工具和规则。销售团队必须熟练掌握 CRM 软件的使用，同时，关于如何填写、检查和考核，也需要有明确的操作细则作为指导。 在选择和购买软件时一定要注意：对软件来说，三分是功能，七分靠实施。一个好的服务商能够确保软件顺利融入企业的日常运营中，从而发挥其最大效用。因此，在选择软件时，找到一个靠谱的服务商远比软件本身的功能更加重要。
4	常态化的业务复盘	评估一个人的能力，我们既要参考考试结果，也要观察他在每一项业务中的实际表现。为此，我们需要进行常态化的业务复盘。通常的标准是，销售人才在进入工作岗位后的前两周内，需要每天进行复盘，随后每周进行一次复盘。 通过复盘，我们可以观察他们是否按照既定流程进行工作，以及每一步是否都能准确到位。这不仅能帮助我们评估他们的天赋是否足够，还能及时发现并判断是否存在我们无法接受的缺陷。此外，如果员工最终留在公司，这种复盘方式也将成为重要的人才培养手段，对业绩的达成提供极大的帮助。

（续表）

No.	关键动作	关键动作说明
5	发现不对立即清退	在执行上述四项关键动作的过程中，如果我们发现新员工确实无法满足公司的要求，就应该果断地进行清退，即使需要付出一定的代价也要这样做。千万不能抱有"再看看"的犹豫态度。因为犹豫的成本往往非常高昂，对于不合适的人，清退越早，企业需要承担的代价就越小。 如果我们不及时清退不合适的人，那么对于团队中有能力的人来说，这些人可能会成为他们的"猪队友"，进而影响整个团队的信心和士气。许多企业之所以缺乏优秀的人才，往往是因为团队中平庸的人太多，导致优秀的人才不愿意加入。因此，及时清退不合适的人，对于保持团队的整体素质和吸引力至关重要。

试用期是新人加入公司后至关重要的一个阶段，我们必须确保管理工作的严谨和到位，否则，企业可能会面临巨大的风险。这对销售管理者提出了较高的要求，因此，企业必须坚持"人才专业化"的原则，确保专业的事由专业的人来做，专业的人也只做专业的事。

人才招聘是一个复杂的系统工程，它要求我们对企业的经营、管理和业务有深入的了解。企业需要做好充分的准备，关注每一个细节，而不能笼统草率地处理。

人才招聘工作对于企业的运营来说至关重要，因此，企业需要拥有优秀的人力资源负责人来承担这一重任。对于规模较小的企业，如果条件有限，这项工作应由企业老板亲自负责，确保每一步都做到位。

第六章

为什么我们的人才培养效果不理想？

企业需要人才来推动其发展，而对于人才的经营，我们既要招聘优秀的人才，也要注重与时俱进地培养人才，以确保团队能够更好地适应内外部环境的变化。

有些人认为，在人才选拔上，选择合适的人才比培养更为重要。然而，这种观点并不全面。其原因有二：首先，能够百分之百匹配我们岗位要求的人才是几乎不存在的；其次，随着外界环境的变化，原本合适的人才可能在新环境下不再满足企业的需求。

接下来，在本章节中，我们将深入探讨为什么我们的人才培养效果往往不理想。

经过分析，我们认为企业人才培养效果不理想的原因主要有以下九个方面。

No.	原因分析
1	企业虽然在口头上可能表示重视人才培养，但实际上并未付诸有效行动。
2	招聘来的人才原本天赋普通，因此无论如何培养，效果都难以显著提升。
3	企业的岗位要求缺乏明确性，除了业绩之外，企业并不清楚如何界定员工的能力。
4	企业对于需要培训的内容缺乏清晰认识，反映出内部标准化水平的严重不足。
5	以业绩为唯一导向的薪酬绩效制度，本质上并不利于人才的培养和发展。
6	企业目前的人才培养方式存在不合理之处，过度依赖老员工带新员工和经验分享的模式，导致培训效果不理想。

（续表）

No.	原因分析
7	企业的组织规划存在问题，团队之间的协同作用不足，过分依赖个人的能力。
8	企业的工具体系不够完善，无法通过提升组织能力来降低对个人能力的过度依赖。
9	管理干部在人才培养方面的意识和能力不足，他们要么缺乏培养人才的意愿，要么没有足够的能力去实施人才培养。

接下来，我们将逐一解读这九大原因，各位可以对照企业自身的情况，检查在哪些方面做得不够到位。

原因一：企业不重视人才培养

我们之前已经提及，虽然许多企业表面上看似重视人才培养，但实际上并未给予足够的重视。

那么，怎样才算是真正重视人才培养呢？

只要做到以下五点，便可以认为是真正重视了人才培养。

一、战略上重视：在制定战略规划时，应同时考虑人才规划；在设定每年的经营目标时，也应同时制定人才发展目标。

二、预算上倾斜：与人才发展目标相对应，应有明确的预算分配，因为不投入资源而期望解决问题是不现实的。

三、专人负责：需要指定专门的人员负责人才培养工作，并通过正式授权，使其统筹企业内部的人才培养活动。

四、薪酬上匹配：人才培养负责人的薪酬应与人才培养成果相挂钩，销售人员的薪酬应与其个人能力考核结果相联系，而管理干部的薪酬也应与团队成员的能力成长情况相关联。

五、过程中关注：在日常管理工作中，企业从上至下都应关注人才培养的进展。与人才培养相关的工作必须记录在CRM系统中，确保所有人都能看到，并关注执行的结果。这样，大家才会真正将人才培养视为重要工作。

我们可以对照自己企业的情况进行自我检查，看看这五点中我们做到了哪些。如果缺失较多，那就说明企业在人才培养方面的重视程度不够，需要深刻反思。

对外，我们需要围绕市场和客户需求进行运营；对内，我们则应时刻关注我们的人才资产。"人才是第一生产力"，我们需要引进人才，培养人才，并使他们能够充分发挥作用。人才工作是我们的核心任务。

原因二：招聘出问题

很多企业在遇到员工能力不足的问题时，往往无法跳出固有框架进行思考。一方面，培养人才确实是一项艰巨且效果难以保证的任务；另一方面，企业常常对现有员工怀有深厚的感情，觉得他们多年跟随企业，难以割舍，但这种情感依赖并不总是正确的选择。

作为咨询机构，我们也时常面临类似的困境。我们明知某些员工的能力不足，且难以通过培训提升，但企业却迟迟不愿放手。这背后的原因，除了情感上的牵绊，还有企业在人才选择上的局限性。由于缺乏可替代的人才，企业只能对现有员工进行妥协，至少他们还能承担一些基础工作。

针对这种情况，入微咨询提出以下观点：如果双方无法相互成就，那么不妨选择相互放过，给彼此一个更好的发展机会。

入微观点：不能相互成就，那就相互放过

人才与企业之间的关系该如何定义呢？我们对这种关系的认知将直接影响我们的管理方式。

目前社会上主要有两种观点来定义这种关系：一种是雇佣关系，另一种是合作关系。从法律角度，按照《中华人民共和国劳动法》的规定，它被称为劳动关系。

雇佣关系的本质是，企业是规则的制定者，员工需要满足企业的要求，以企业的满意度为工作标准，这种关系下企业通常处于较强势的地位。

而合作关系的本质是企业与员工之间是平等的，双方各取所需。持这种观点的，大多是员工，因为他们追求人格的独立和情感的平等，并相信自己拥有充分的选择权。

暂且不论企业和员工谁应处于强势或弱势，但有一点是明确的：无论是雇佣关系还是合作关系，双方必须相互成就才能长久维持。

企业雇佣员工的初衷是希望员工能帮助实现投资价值。

员工加入企业，就是为了帮助企业实现目标、解决问题，使企业觉得其付出是"值得"的。

同样，员工进入企业也是希望企业能帮助他们实现个人目标，无论是赚钱、实现梦想还是过上稳定的生活，他们总是有所追求。

员工和企业之间的关系必须是基于相互满足需求和相互成就的。如果企业能满足员工的需求，而员工无法满足企业的需求，那么这笔"投资"对企业来说就是失败的。从资产角度看，这样的员工就成了"不良资产"，企业应考虑如何剥离。反之，如果员工表现优异，但企业无法满足员工的需求，那么员工留在企业的价值也会大打折扣，一旦有更好的选择，员工就可能会离职。

特别是对于销售人才来说，如果员工在企业中无法取得好的业绩，导致企业无法盈利，员工自身也赚不到钱，那么这就是一种双输的局面。

有时候，"相濡以沫，不如相忘于江湖"。如果员工的能力不足以在企业中发挥作用，那么离开可能对双方都是最好的选择。对企业而言，这是及时止损；对员工而言，也可能开启更好的未来。没必要因为所谓的情感而痛苦地维持现状。

因此，如果不能相互成就，那么就请相互放过。

对于第二种原因，实际上反映了大家不知道该如何招聘。我们可以将企业中的每个员工视为公司这个机体的一个

器官或零件。让我们换个角度来思考：如果有机会，我们是否愿意将自己身体的某个零件替换为更优质的零件呢？

在企业管理中，我们可能会犹豫，因为某个员工已跟随我们多年，彼此间建立了深厚的感情。这好比医生告诉我们，身上的某个器官出现了问题，如果不进行切除可能会影响健康，但如果切除，就可以替换为一个更健康的器官。在这种情况下，我们是否会选择替换呢？我们不太可能对医生说："这个器官从我还是个胚胎时就跟着我了，我舍不得换！"

人体的新陈代谢是自然的生理过程，企业也同样需要这样的新陈代谢。对于人才，我们的态度应该是努力帮助他们适应内外部环境的变化。如果无法适应，那么我们就应遵循新陈代谢的法则，不要过于留恋。

对于民营中小企业而言，人才培养的难题很大程度上源于招聘环节的问题。不仅员工的基础差、天赋不足，有些人甚至拒绝接受培训，不愿成长，他们加入企业可能仅仅是为了混日子。

因此，把好入口关至关重要。我们需要持续引进优秀的人才。在这个问题上，选择确实比努力更加重要。

原因三：岗位要求不清晰

人才培养的核心目标是什么？

人才培养的核心目标是满足岗位的需求，这既包括当前岗位的具体要求，也涵盖从发展角度预见的未来岗位要求。

在民营中小企业中，一个普遍存在的问题是岗位要求不够明确。这不仅在人才招聘阶段造成困扰，也在人才培养过程中带来挑战。许多企业在招聘和培养人才时，并未明确地向员工提出具体的岗位要求。实际上，招聘标准的制定和人才培养目标的设定，都应以岗位要求为基础。

民营中小企业在管理上常常面临的一个实际问题是，不知道如何向员工提出具体的要求。

例如，对于销售人员，企业可能并不清楚他们应具备哪些价值观、知识储备和能力，以及他们应该执行哪些具体任务、如何执行、应达到何种标准，而只能提出笼统的目标要求。同样的问题也存在于销售管理人员的要求设定上。

在入微咨询的标准化体系中，《岗位说明书》是一个至关重要的组成部分。编写这份说明书的前提是对岗位工作有深入的理解，而岗位要求的设计则必须基于对企业的战略、组织规划和战术体系的全面了解。

《岗位说明书》的设计包含以下几个关键模块：

No.	模块名称	模块说明
1	价值观要求	很多企业都拥有自身的企业文化，而价值观要求正是企业文化不可或缺的一部分。
2	知识要求	员工需要了解并掌握哪些知识？这包括但不限于产品知识、行业知识、解决方案知识以及业务流程知识。
3	能力要求	我们需要精确定义员工应具备的能力，例如沟通能力、服务能力以及客户管理能力等。

（续表）

No.	模块名称	模块说明
4	岗位职责	对于这个岗位应该承担哪些职责和任务，我们需要给出明确的定义。
5	岗位工作标准	关于岗位工作应如何执行，以及应达到的标准，我们都将提供详尽的说明。

为了让大家对岗位要求设计有更清晰的认识，本书提供了两个范例：一个是大客户销售人员的岗位说明书，另一个是销售主管的岗位说明书。

建议大家结合入微咨询的内部体系，来深入理解这两份岗位说明书的内容和要求。

原因四：培训内容缺失

为什么我们的人才培养未能达到预期效果？其中一个重要原因可能是我们的培训内容不够全面。

在与很多企业老板的交流中，我了解到一个普遍现象：新人加入公司后，除了阅读一些宣传单和产品资料外，几乎接触不到其他实质性的培训内容。

那么，我们应该为销售人才准备哪些培训内容呢？

以下是一个供参考的培训内容列表[①]。

[①] 请注意，这仅为一般情况下的范例，具体内容可能会因企业实际情况和需求而有所不同，因此在实施时应根据企业的具体状况进行调整。

	培训对象	培训材料
1	基层销售人员	1. 公司介绍 PPT（基于销售场景、面向客户的），需清晰阐述公司的历史背景、核心优势、产品结构以及服务方式等关键信息； 2. 行业介绍 PPT，应从销售视角出发，详细阐述销售人员必须了解的行业核心要点，包括但不限于客户需求分析、市场竞争形势以及行业相关法规等内容； 3. 基于销售场景的产品介绍材料，需包含产品与客户需求之间的紧密联系说明、产品的独特卖点以及针对常见客户问题的有效回答策略； 4. 公司的管理要求、详尽的考核策略、行为规范（包括 CRM 系统的填写规定）、销售人员的岗位说明书以及职业素养提升的相关训练课程； 5. 公司内部业务协同的详细流程与规范，例如，在遇到特定情况时，应明确寻找哪位对接人，以及各岗位之间的具体分工和协作方式，这些细节均需详尽说明； 6. 战术系统，涵盖业务开发的完整流程、客户管理的有效策略以及业务复盘的规范操作，旨在明确指导员工应完成的任务、执行的方法以及需达到的标准； 7. 销售工作中常见问题的解决方案[①]； 8. 与上述内容相配套的考核题库、模拟场景测试案例。
2	销售中层主管	1. 管理者岗位说明书，下属岗位说明书，如果有条件，将解读岗位说明书的视频拍摄出来，作为岗前培训的素材； 2. 管理者日常工作指导书，将每天、每周、每月的管理动作要求做详细说明，有条件就将视频拍出来剪辑好； 3. 销售人才培养的系统化策略； 4. CRM 的填写、检查与考核规范；

---

① 此项内容需通过长期积累不断完善，整理销售过程中遇到的各种问题，并提供相应的解决策略，以便团队成员在此基础上进行培训和学习，进而降低对人员能力的过高要求。

（续表）

培训对象	培训材料
	5. 销售人员基本功评估表； 6. 业务复盘与分析的系统化方法； 7. 对管理者的考核策略； 8. 公司内部协同的流程与规范； 9. 销售团队日常管理中常见问题的列表与解决策略； 10. 与以上内容配套的考核题库、模拟场景测试案例。
3　销售负责人	1. 销售负责人的岗位说明书、管理岗位的岗位说明书与销售基层人员的岗位说明书； 2. 公司战略白皮书；① 3. 年度经营目标说明与销售目标说明；② 4. 管理者的工作指导书；③ 5. 销售人员基本功评估表与销售主管基本功评估表； 6. 市场调研模型与市场分析策略； 7. 销售人才招聘与培养策略④； 8. 渠道开发、维护与管理策略； 9. 大客户开发、维护与管理策略； 10. 与以上内容配套的考核题库、模拟场景测试案例。

---

① 销售负责人必须对企业的战略规划有清晰透彻的理解，他们应当从企业战略和经营的双重视角去审视问题。然而，在许多企业中，销售负责人往往仅关注销售环节，这种视野的局限性显然是不够的。
② 需要注意的是，销售目标与企业的年度经营目标并不一定总是一致的。
③ 这份文件旨在为销售负责人提供对下属提出要求的指导。尤其对于民营中小企业而言，我们发现许多销售负责人并不清楚如何有效地对下属管理者提出要求。
④ 千万不要以为这些都是他们本来就应该会的，而不为他们准备相应的培训内容。

（续表）

	培训对象	培训材料
4	售前工程师	1. 售前工程师岗位说明书； 2. 售前工程师工作指导书； 3. 客户需求情况说明与客户需求收集方法[①]； 4. 解决方案设计规范； 5. 技术交流流程与规范； 6. 售前工作中常见问题的分析与解决策略； 7. 售前工程师考核策略； 8. 非销售岗位的销售思维与职业化要求； 9. 与以上内容配套的考核题库、模拟场景测试案例。
5	售前经理	1. 售前经理岗位说明书与售前工程师岗位说明书； 2. 售前经理工作指导书； 3. 售前团队知识管理规范[②]； 4. 售前团队人才培养工作规范； 5. 售前团队考核策略； 6. 公司内部协同的流程与规范； 7. 项目管理相关要求与规范[③]； 8. 与以上内容配套的考核题库、模拟场景测试案例。
6	交付工程师	1. 交付工程师岗位说明书； 2. 交付工程师工作指导书； 3. 交付工作流程与规范； 4. 交付工作中常见问题的解决策略[④]；

[①] 需要为售前工程师提供完整的客户需求模型，如果条件允许，可以将该模型整合到 CRM 系统工具中。

[②] 售前经理应该参与到售前工作标准化体系的建设中。

[③] 售前经理必须努力成为优秀的项目经理，以便在项目衔接中实现更好的协同合作。

[④] 这是公司经验体系的重要组成部分，必须将相关内容整理成文字、PPT 以及视频材料，以便交付工程师可以在内部资料库中进行检索。这样做可以降低对交付工程师的要求。

（续表）

培训对象		培训材料
		5. 客户信息收集与整理规范； 6. 交付工作中的沟通策略； 7. 与以上内容配套的考核题库、模拟场景测试案例。
7	交付经理	1. 交付经理岗位说明书与交付工程师岗位说明书； 2. 交付经理工作指导书； 3. 交付工作流程与规范； 4. 交付团队知识管理规范； 5. 交付工作中常见问题的解决策略； 6. 交付团队人才培养工作规范； 7. 交付团队考核策略； 8. 公司内部协同的流程与规范； 9. 项目管理相关要求与规范； 10. 与以上内容配套的考核题库、模拟场景测试案例。
8	招投标专员	1. 招投标专员岗位说明书； 2. 招投标专员工作指导书； 3. 职业化素养提升培训材料； 4. 投标工作规范[1]； 5. 与以上内容配套的考核题库、模拟场景测试案例。
9	招投标经理	1. 招投标经理岗位说明书与招投标专员岗位说明书； 2. 招投标经理工作指导书； 3. 招投标团队考核规范； 4. 招投标工作中常见问题的解决策略； 5. 招投标工作标准化建设与优化工作规范； 6. 招投标团队人才培养工作规范； 7. 与以上内容配套的考核题库、模拟场景测试案例。

---

[1] 在投标工作中，应明确列出关键要点，并提供针对这些要点的详细处理说明。最好能将这些内容制作成内部培训视频，以便员工随时学习。此外，应定期举行考试，以确保员工对这些关键要点有深入的理解和掌握。

（续表）

培训对象	培训材料
10 新媒体专员	1. 新媒体专员岗位说明书； 2. 新媒体专员工作指导书； 3. 职业化素养提升培训材料； 4. 新媒体团队考核规范； 5. 新媒体工作中常见问题的解决策略； 6. 与以上内容配套的考核题库、模拟场景测试案例。
11 新媒体经理	1. 新媒体经理和新媒体专员的岗位说明书； 2. 新媒体经理工作指导书； 3. 新媒体工作标准化建设与优化规范； 4. 职业化素养提升培训材料； 5. 与以上内容配套的考核题库、模拟场景测试案例。

大家可以参考我们的列表，与公司现状进行对比，检查我们还缺少哪些元素，并务必提前做好准备。如果自身能力有限，可以寻求专业机构的帮助与服务。人力资源的不足对企业而言意味着巨大的风险。

如果我们的培训内容本身不够全面，那么人才培养效果不理想也就可以理解了。在企业运营过程中，我们拥有三种重要资产：人才资产、经验资产和客户资产。其中，经验资产需要我们不断地积累和沉淀，以丰富公司的底蕴，并成为公司人才培养的重要素材。

原因五：薪酬制度不合理

薪酬是企业的核心，它像指南针一样引导着企业所有工作的方向，也是激励员工做好工作的关键。企业人才培养效果不理想，往往与其薪酬制度与人才培养策略不相符有关。

在多数企业中，薪酬绩效制度主要是基于结果的考核，即便有详尽的KPI，也仅仅是将整体结果细化为更多的小结果进行考核，许多深层次问题并未得到解决。

若企业希望优化人才培养，薪酬方面需关注两个重点：

第一，对于销售人员，我们需要将他们的工作能力与薪酬紧密结合。入微咨询所推荐的薪酬模式，是构建一个更具竞争力的基础薪酬体系，具体分为无责任底薪、能力绩效和行为绩效三部分。

例如，如果业内通常以6000元月薪招聘销售人员，那么我们可以给到月薪15000元，并分配如下：6000元为无责任底薪，4000元为能力绩效，以及5000元为行为绩效。

在这种薪酬模式下，我们在招聘时会变得更有吸引力。4000元的能力绩效能激励员工积极学习和成长，而5000元的行为绩效则能引导他们更加关注并满足公司的工作要求，确保任务得以高效且准确地完成。

在这种模式下，员工会自发地重视个人能力的提升，同时，通过企业的过程管理和持续的指导纠正，员工能够更快地成长，并更容易达成业绩目标。

第二，对于销售管理人员，我们需要重视他们在人才培养方面的付出，并将其与薪酬挂钩。

以销售主管为例，我们可以首先为其提供20000元的月基础薪酬，并进一步细分为无责任底薪、能力绩效和行为绩效。

其中，能力绩效用于评估其作为主管是否满足公司的能力要求，这是每月都要进行的考核；而行为绩效则考核其作为主管的工作表现，包括日常培训、复盘与分析等是否到位。

关于年终奖金的设计，例如，在实现目标后给予 10 万元的年终奖金，其中很大一部分应基于其年度人才引进和培养的结果。这样的薪酬设计使销售管理人员更加关注人才培养，从而确保企业的人才培养策略得到有效执行。

在销售团队薪酬绩效设计方面，建议参阅我的另一本书——《销售团队薪酬绩效设计入微模式》，其中提供了更为详尽的设计指导。

综上所述，如果薪酬绩效设计不合理，仅关注业绩而忽视员工能力的成长，那么人才培养的效果往往会大打折扣。

原因六：人才培养方式不合理

大多数民营中小企业的人才培养方式主要有以下三种：
1. 靠苦口婆心的教育，希望大家能够自发地学习；
2. 靠老带新，希望经验丰富的员工能够带好新人；
3. 靠优秀团队成员的经验分享。

下面我们一起分析一下这三种人才培养方式存在的问题。

第一种方式：靠教育来促进员工的自我成长

很多企业希望通过对员工进行思想教育来促进员工的自我成长，让大家想通以后能够自发地提升学习能力，从而实现人才培养的目标。

然而，实际情况是怎样的呢？通过灌输人生规划和人生道理来改变一个人，很难，成功率非常低。

对民营中小企业而言，尤为如此。有些人，即便是给予物质激励，让他们去学习，他们也未必愿意。原因何在？学习本是一件辛苦的事情，在职场中，能够主动学习的人寥寥无几。通常，企业高层可能有自我学习的动力，因为他们面临的压力较大，不学习就会落伍。但普通员工没有这么大的压力，因此他们很难有积极的学习动力。

尽管大家都知道，通过学习提升自己的能力，未来一定能够获得更大的发展空间，但现实很残酷，他们就是不愿意学习。而且，即使愿意学习，如果没有足够的外部压力或激励制度，就很难持之以恒，最终的结果也就可想而知了。

那么，通过教育促进员工自我成长，有没有成功的案例呢？还真是有，但成功率极低。

因此，对于这种方式，我们虽可抱有期待，但不能完全依赖。

第二种方式：靠老带新来做人才培养

以老带新是企业中广泛采用的一种人才培养方式。据我们对学员的调研，至少有八成的企业是依靠这种方式来培育新人的。

然而，实际结果表明，这种方式往往难以达到理想的效果。接下来，我们将分析影响最终结果的四大原因。

原因一：老员工不一定愿意带新员工

尽管我们希望老员工能带新员工，但老员工内心可能并不一定情愿。

其中的原因较复杂。首先，职场中时常出现徒弟与师傅关系紧张甚至反目的情况，即便成功培养出优秀的新员工，老员工的职业发展空间也可能因此受到挤压。其次，培养新员工需要一个周期，且这个周期具有不确定性。与其花费时间培养新员工，老员工可能更愿意将精力投入自己的业务上。最后，由于一些新员工基础较差，老员工在带领过程中可能会感到十分困难。

基于上述三种情况，大部分老员工并不愿意带领新员工。

原因二：老员工不一定具备带新员工的能力

带领新员工并非易事，其实是一个"技术活儿"。并非所有优秀的老员工都能成功带出新员工。正如我们常看到的那样，两个学霸父母也可能带出学渣孩子。尽管父母在教育孩子时会全力以赴，但结果却可能并不如意，原因就在于他们缺乏教育的技巧。

我本人是师范专业出身，为了成为一名普通的中学老师，在大学里学习了四年，并在毕业后接受了各种在岗培训，才逐渐成熟起来。这是一个需要技巧的过程。我们当时学习了心理学、教育学，并参加了学校组织的各种研讨和进修。然而，现在的老员工并没有这样的条件。

原因三：老员工的方法不一定适合新员工

每个人的成功都有其特定的前提条件。

有一句话，老师们经常提起："一个方法，只要有人用过并且取得了成功，那么这个方法就一定是有效的。"然而，我对这句话持保留意见。

销售工作的成功涉及众多因素。从主观方面来看，方法固然是一方面，但销售人员的形象气质、沟通能力、个人信息、专业基础以及对时机的把握也同样重要。在培养他人时，我们很容易忽视的一点是，老员工的认知框架和新员工的认知框架存在差异，同时他们的软硬件条件也不尽相同。

这里我给大家分享一个案例：

> 我们有一位同事，她之前在一家游戏公司担任项目经理，曾分享过一个引人深思的案例。
>
> 他们公司计划采购一套财务软件，当时有两家公司竞争这一订单。
>
> A公司派出了一位专业技术人员，尽管他多次造访，但最终还是功亏一篑，没能成功签单。
>
> 而B公司则派出了一位年轻女孩，她外貌出众，身材匀称。值得一提的是，她还很会撒娇，仅一次拜访就成功签

下了合同。

我们暂且不讨论那位老板是否因私心而作出决定。但值得思考的是，B公司销售人员的成功策略，是否适用于A公司的销售人员呢？

在我们这个行业里，有个家伙总是自诩为神一般的存在，他曾豪言："即便你是个智力障碍者，我也能将你培育成职业经理人。"

他的话语透露出他对自身流程的自信。

尽管我也认同流程和方法的至关重要性，然而，我们不应忽视其前提条件。

对于成年人而言，搬运一块重达2.5千克的石砖，流程很简单：仅需弯腰或蹲下，将砖块握在手中，随后站起，这样，整个动作就做完了。确实，这种方法很容易复制。但是，倘若尝试复制此套动作的是个不足3岁的小孩子呢？在这种情形下，即便方法再好也没有用。

"新人"或许并不具备"老人"所拥有的诸多条件，譬如对行业的深刻洞察、内在的自信、稳固的客户关系基础，以及个人的可信度等。因此，对新人实施相同的教育方法，其效果可能会大打折扣。

原因四："老人"自己也不一定很厉害

何谓"老人"？一般而言，那些从业时间较长者便可称作

"老人"，正所谓"老马识途"。然而，就民营中小企业而言，许多所谓的"老人"，在能力、工作表现及业绩方面，并不尽如人意。在这种情况下，若依赖这些"老人"来引领"新人"，又能期望获得怎样的佳绩呢？

有句古话说得好："取法乎上，得其中；取法乎中，得其下；取法乎下，得其末。"

或许我这番话听起来并不好听，甚至还有些许冒犯。但客观地讲，这确实是民营中小企业中普遍存在的现象。

基于上述四大缘由，想必大家已能更深刻地理解老带新这种模式的局限性所在。

而实际上，还存在最后一个不容忽视的问题：倘若我们过度依赖"老人"来指导"新人"，一旦这些"老人"选择跳槽或自主创业，那么我们的人才培养计划又将何去何从呢？

第三种方式：靠优秀成员的经验分享来促进人的能力成长

靠经验分享来做人才培养的企业也有不少，下面我们分析一下这种方式的局限性。

经验分享这种方式存在四个问题：

第一个问题，分享者提供的经验不一定正确。

我们以为的成功要素和真正成功的原因不一定是一回事。有时候是因为我们的方法正确，有时候是因为客户正好需要，被我们赶上了；有时候是因为竞争对手太弱；还有些时候，是因为其他一些莫名其妙的原因。如果分享者不是一个真正专业的销售人员，他不一定能够非常清楚地知道他的经验和成功要素是否真的有关联。

我曾经参与过一家企业的业务分析会,销售人员分享了他的成功方法,下面掌声雷动。很巧的是,那家客户也是我的客户,我问这个客户:为什么要跟他们成交?客户很坦诚,说和销售员其实没什么关系,就是有一次跟同行吃饭的时候,有朋友推荐过他们,正好销售员也到了,就顺势成交了。

我早年在江苏南通,碰到一个重要的案例,现拿出来跟大家分享一下。

那是2004年的时候,一家做网站的公司的女销售员,拿下了一个13.6万元的业务,当月提成有2万多元,震惊业界。行业里好几家公司想把这个小姑娘挖过去做销售总监,但她到哪家坑哪家,高光时刻昙花一现,再也没有出现过。

后来我们复盘这个案例,跟客户交流后才知道,这个订单之所以能够拿下来,跟这个小姑娘本身的关系并不大。

我们还原一下当时的场景:客户的老板吴总(做电动工具的)正在伏案签票,销售员坐在老板桌的对面,低着头讲可能的功能,老板没抬头,销售员报一个功能,对方"嗯"一下,一共算下来17万多元,小姑娘自己都不好意思了,说有些功能是重复的,有些功能是多余的,最后算下来是13.6万元。

但真正起决定作用的不是老板,是旁边的老板娘。老板娘跟老板说:"我们家姑娘去澳大利亚留学,跟这个小姑娘一般大,每次打电话回来除了要钱没有第二件事情。这小姑娘形象一般、谈吐一般、专业也一般,但这么大就出来做销售,面对老吴你这张臭脸,挺不容易的。我们反正要做,也不缺这个钱，就找她做吧。"

但这个小姑娘在分享自己经验的时候，一定会说自己做了怎样的准备，讲了哪些专业的内容，她大概率看不到自己跟老板女儿差不多大这个成功要素。

第二个问题，分享者提供的经验不一定适合其他人。

成功者的经验不一定可以复制，因为成功者所具备的基础条件别人可能没有。

早年阿里巴巴卖诚信通的时候，有一个比较经典的案例，我跟大家分享一下。

阿里的销售员去见客户的时候，总要准备一本比较厚的书，或者找根结实的棍子，因为一个陌生人拜访并进入企业比较困难，还时常会碰到护院的狗，书或者棍子就是对付狗的工具。

能进入企业跟老板进行交流，就成功了一半。但如何见到老板，这是一个很麻烦的问题。

有新手销售员向销冠请教，说："你怎么那么轻松就可以见到老板，能不能分享一点经验？"销冠说："你跟我去一次就知道了。"

到那天去的时候，销冠开着他的宝马车到工厂门口，门卫见状什么话都没有说，敬了个礼就让他进去了，还热情地告诉他停车场的位置。

那个年代，开着一辆好车做销售，成功进客户大门的概率大多了，但是，这个经验真的适合其他人吗？

第三个问题，分享者提供的经验缺乏系统性。

知识与能力的学习是一个系统工程，需要系统化地学习。抓紧各种碎片时间学习，听起来比较励志，但效果不一定理想。

想要做好销售工作，心态、知识、能力以及准备工作、天时地利、动作细节等这些方面都很重要，缺乏任何一点都可能无法顺利赢得客户。

从我们对民营中小企业的观察来看，在企业中，能够将销售工作研究透并将其系统化的人，凤毛麟角。

如果我们没有系统化的思路，那么我们得到的这些碎片化的知识，很有可能会在脑中打架，每个人的方法好像都对，都拿到了想要的结果，但思路可能是对立的。在什么情况下，该用什么样的方法，为什么要用这样的方法呢？如果我们不把这些研究清楚，经验分享的结果不会太好。

第四个问题，被分享者不一定会将经验应用在实际工作中。

把学到的知识应用到实际工作中去，看起来是理所当然的事情，但实际上不太容易实现。为什么呢？因为采用新的方法意味着要改变原来根植在脑海中的习惯性方法，这其实是要走出舒适圈。尤其是当对新的方法一知半解、只知其然而不知其所以然的时候，更不容易付诸实践，一不小心还是会回到原来的习惯做法。

如果不信，我们回企业统计一下：如果不受外力的影响，团队成员中能将新学到的方法用到工作中的，有多少比例？

以上是民营中小企业在人才培养中比较常见的三种方法，

但实践下来的效果都不太理想。入微咨询建议大家换一种思路，在标准化的基础上进行人才的批量复制。具体做法我们会在第七章做系统化的说明。

原因七：组织规划缺乏合理性

人才培养工作效果不佳，很多时候与企业对人的要求不合理密切相关。

许多企业期望拥有全能型人才，即精通技术、擅长销售，并能妥善处理售后服务，以此省心。然而，对于人才培养而言，这种期望并不切实际。

如今，企业频繁提及"团队"的概念。那么，我们如何理解团队呢？

尽管不存在完美的个人，但可以构建完美的团队。因为团队中的个体虽不完美，却能通过相互协作与配合实现优势互补，最终形成一个具有强大战斗力的组织。

倘若我们无法深入研究销售工作，并制定出合理的组织规划，那么这很可能会对工作效率产生负面影响，进而导致人才培养工作陷入困境。

案例分享

我们有一位上海嘉定的客户，主要从事新能源汽车行业的软硬件产品代理。我们曾为他们提供过标准化服务，并帮助他们招聘了总助和销售团队。

在调研过程中,我们遇到了一个令人头疼的问题:他们一直无法招聘到合适的技术工程师,同时自身也无法培养出合适的人选,这对他们的业务开展造成了严重影响。

在讨论这个问题时,我询问了他们为何既难以招聘到人才又无法自行培养。他们解释道,这个岗位的要求非常高,候选人既需要掌握软件开发技能,又要能够进行软件实施。

我很快意识到了问题的症结所在:我们为何不能将技术工程师岗位拆分为两个不同的岗位呢?一个岗位是开发工程师,主要负责根据客户需求进行编码;另一个岗位是实施工程师,专注于软件的落地应用。让开发工程师和实施工程师协同工作,这样不就可以解决问题了吗?

对普通人而言,专注能够造就专业。在某一领域精耕细作,将更有助于个人的成长与成功。如果要求啥都会一点,那么最终可能导致无一精通,这样的人才对我们而言,其价值或许并不显著。

原因八:工具体系不健全

我再重申一个观点:我们必须清晰地理解组织能力和个人能力之间的联系。我们要努力的目标是提高组织的能力,进而减少对个人能力的过分依赖,这不仅适用于销售岗位,其他岗位亦是如此。

假如我们能够完善企业的工具体系,那么对个人的能力要求就会相应降低，从而使人才培养工作变得更加容易。

如果大家对于工具体系没有一个直观的感受，可以参考下面的表格。对于一句话解释不清楚的内容，我会用脚注的方式进行详细说明。

No.	岗位名称	工具列表
1	基层销售人员	销售工作常见问题的分析与解决[①] 客户见证：照片、视频文件[②] 电脑、投影仪、产品介绍的PPT[③] 售前工程师与交付工程师 专业的CRM软件
2	销售中层主管	专业的CRM软件 管理工作中常见问题的分析与解决
3	销售负责人	专业的CRM软件 市场调研流程、表单、分析策略
4	售前工程师	售前工作可视化流程 客户需求分析表 解决方案设计规范 专业的CRM软件 售前工作中常见问题的分析与解决
5	售前经理	专业的CRM软件 售前管理中常见问题的分析与解决

---

① 可以有多种形式，比如WORD与PPT，方便随时检索；还有视频课程，可供长期学习。

② 为了有效提升我们的可信度，我们平时应该注意收集视频素材，这些视频中可以包含客户的现场情况，以及客户对我们产品和服务的满意反馈。

③ 在设计销售场景时，我们可以采用一种更直观的方式：当需要介绍产品或相关内容时，销售员可以打开电脑，将内容投影到一面墙上，通过演示PPT来展示。这种方式往往能提高客户的满意度，同时也降低了对销售员口才的依赖。

（续表）

No.	岗位名称	工具列表
6	交付工程师	交付工作可视化流程 交付工作中常见问题的解决方法 专业的 CRM 软件
7	交付经理	专业的 CRM 软件 交付管理中常见问题的分析与解决
8	招投标专员	招投标工作规范 招投标软件 专业的 CRM 软件
9	招投标经理	专业的 CRM 软件 招投标工作中常见问题的解决 招投标软件

以上这些工具，如果我们已经提前准备好，并教会员工如何使用，那么对他们的个人能力要求就可以大幅降低。

原因九：管理团队意识与能力不足

人才培养工作终究要依赖人来执行。如果我们的管理团队在意识和能力上有所欠缺，那么人才培养工作将会变得异常艰难。

每年购买我们书籍或网课的客户大约有一两万家。我们曾进行过一项调研，结果显示，在民营企业的销售管理人员中，具备出色人才培养意识和能力的实属罕见，占比不超过1%。

为什么会这样呢？

主要原因在于民营企业缺乏完善的人才培养体系，无法有效提升管理人员的意识和能力。管理干部自身水平有限，再让他们承担人才培养的重任，确实强人所难。

　　综上所述，导致我们人才培养工作效果不佳的原因共有以上九点。请大家结合自己企业的实际情况，思考一下其中哪些因素也存在于自己的企业中。

第七章

销售人才培养入微模式

在前一章，我为大家详细介绍了导致人才培养效果不理想的九大原因。本章将系统阐述如何培养出优秀的销售人才。

第一节 销售人才培养工作流程

销售人才培养是一个系统性的工程，若我们期望真正解决问题，就不能片面应对，"头痛医头、脚痛医脚"，而应站在企业战略的高度来全面考虑企业的人才培养工作。

为此，我们为大家整理出了一套销售人才培养的流程。

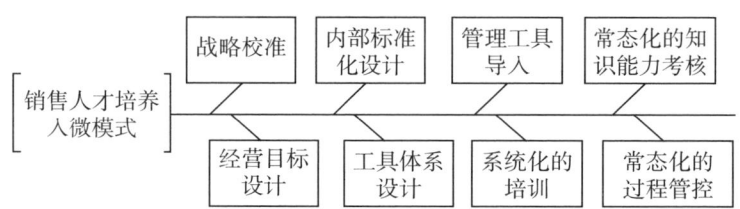

用表格的形式来表达，可以更为清晰和直观地展现信息。请参考下表：

	工作步骤	简要说明
1	战略校准	企业需根据内外部环境的变化，及时调整自身的战略目标。在明确的战略目标框架下，我们进一步确定企业的人才战略。

（续表）

工作步骤		简要说明
2	经营目标设计	公司每年需制定经营目标，对于中小企业而言，这通常指的是销售目标。只有在这个框架内，我们才能合理地制定人才发展目标。
3	内部标准化	关于如何实现战略目标和经营目标，我们需要制定详细的流程、标准与规范。这是一项相对复杂的工作，但它为企业的稳健运营提供了基础。
4	工具体系设计	销售工具和销售管理工具都能有效降低对人的能力要求。在这一阶段，我们的目标是增强组织能力的深度和广度。
5	管理工具导入	CRM 系统已成为销售团队的标配。选择 CRM 时，需结合企业的业务模式和管理模式进行选型，并寻求专业机构进行实施，以确保其效用最大化。
6	系统化的培训	在完成前五项准备工作后，我们开始对销售团队进行系统化的培训，旨在确保每位成员都能全面掌握所需技能。
7	知识能力考核	通过定期开展知识能力考核，我们鼓励员工将人才培养和学习提升视为日常工作的重要组成部分。
8	工作过程管控	结合已建立的标准化体系和销售管理工具，我们进行常态化的工作过程管控，及时纠正偏差，从根本上提升员工能力，并将其转化为企业的实际生产力。

在后续的章节中，我们将对每一步流程进行详细拆解，并为大家提供具体的操作方法。

人才培养工作是一个错综复杂的系统工程，其复杂程度超乎我们的想象。因此，希望大家能够脚踏实地，确保每一步工作都得到充分落实。

第二节　战略校准要点说明

战略的梳理是一项极其复杂的工作，涉及众多细节。然而，对于民营中小企业而言，我们只需要抓住关键点，以避免过度复杂化，从而确保战略的有效落地。

在战略校准阶段，我们需关注以下五大关键要点：

	关键点	要点说明
1	发展目标校准	公司的目标市场定位、竞争定位以及终极发展目标，这些都需为团队指明明确的方向。
2	经营目标设定	确定未来三到五年的经营目标是企业进行战术设计和资源配置的重要前提。
3	业务模式与组织规划	为实现战略目标和经营目标，若当前的业务模式与组织形式无法满足需求，则需进行相应调整。
4	企业人才战略	为确保战略目标和经营目标的顺利达成，企业需确保人才与目标相匹配，因此要规划好人才发展的数量、类型及成长路径。
5	管理成熟度提升目标	为更有效地实现战略目标和经营目标，我们需对管理方式进行优化，提升企业管理的成熟度。每年的提升重点将有所不同，因此需制定明确的规划。

下面，我们将对这五大关键要点进行简要阐述。

要点一：发展目标校准

在与众多企业老板的交流中，我们发现许多企业对战略规划缺乏清晰的认识。尽管他们可能听过相关课程，但脑海中充斥的往往是"使命""愿景"和"价值观"等宏大概念，最终却难以落地。

谈及使命时，他们往往设定的是充满情怀的崇高目标，诸如为客户创造美好生活、为社会贡献价值，或是立志成为百年企业。

在描述愿景时，他们渴望成为行业佼佼者、细分领域的领头羊，或是赢得社会的广泛尊敬。这些愿景固然振奋人心，但遗憾的是，鲜有企业能真正实现。

而谈及价值观时，诸如客户至上、质量第一等口号层出不穷，但最终往往沦为空谈。

我们发现，许多管理咨询公司提出的使命、愿景和价值观虽然响亮、动听，却缺乏实际操作性。入微咨询则致力于确保我们所校准的战略目标具有可行性和可落地性，能够真正引领企业的发展方向。

在发展目标校准阶段，我们需要关注以下几个核心要点：

No.	要点	要点说明
1	公司品牌定位	我们希望公司在客户心目中塑造出怎样的形象？我们的品牌又象征着什么？我们的竞争优势源于何处？ 许多企业将自身的品牌定位局限于"产品品牌"，但有时，将自身定义为卓越的供应商或服务商，才是突破同质化竞争的关键。 对于民营中小企业而言，产品可能难以成为我们的核心优势。然而，若我们能在技术与服务上精益求精，便有望避开产品同质化的激烈竞争，开辟出新的发展道路。
2	客户群体定位	哪些客户群体对我们而言具有高优先级？当前的客户群体与未来的目标客户群体存在哪些差异？ 有不少企业对客户群体定位缺乏清晰的认识。他们希望将产品卖给所有人，这种缺乏焦点的做法往往会引发诸多问题。此外，随着市场环境的变化，我们必须适时调整目标客户群体。
3	产品结构定位	未来我们是否需要对产品结构进行调整？如果需要，应采取何种方式进行调整？ 这涉及两个问题。第一，产品具有生命周期，我们必须根据产品的生命周期及时调整产品结构。第二，我们需要明确是产品导向还是客户导向。若以客户为导向，我们可先用现有产品与客户建立联系，待客户资源稳定后，再引入新产品以扩大规模。 这些问题在战略校准过程中必须得到解决。
4	发展目标定位	我们未来的目标是成为一家大而强的公司，还是选择成为一家小而美的企业？我们是否有上市的计划？如果有，我们应该选择何种方式、在何处上市？ 有明确追求与无明确追求的企业之间，发展差距会日益拉大。特别是在人才方面，有明确追求的企业在人才招聘和培养上会更具优势和远见。

战略规划确实是一个错综复杂的问题,若深入探讨,其内容足以编撰成一本独立的书籍。在此,我们不再赘述,但希望大家能对战略校准工作给予足够的重视。它如同我们驾车行驶在道路上,双手紧握方向盘,随时准备根据外界环境的变化调整行进方向。

企业运营亦是如此。因此,我们需要定期进行深度思考,重新审视和调整我们的战略,这一过程我们称之为"战略校准"。

要点二:经营目标设定

我们的人才布局是紧密围绕战略目标和经营目标展开的。

为了持续储备和发展人才,我们需要明确知道需要多少人才,以及需要哪种类型的人才,而这与我们的经营目标息息相关。此外,我们不仅要着眼于下一年的目标,还应该对第二年、第三年甚至更远的未来有所规划。这是因为人才的储备和培养是一个长期的过程,需要足够的时间周期来完成。

在设定经营目标时,虽然很多企业主要关注的是销售额目标,但实际上,要全面而准确地设定经营目标,我们需要考虑多个重要的指标。

No.	指标	指标说明
1	年度销售额目标	这是最为常见的经营指标，有时也被称为新增合同目标或年度回款目标。
2	年度利润目标	在不同的发展阶段，企业对利润目标的要求也会有所不同。在新市场开发初期，企业可能更注重销售额而非利润；但在成熟市场，销售额和利润目标都显得尤为重要。以京东为例，尽管公司曾多年亏损，但其发展势头依然强劲，这属于特殊情况。因此，年度利润目标的设定应根据企业的整体战略目标来制定。
3	新市场开发目标	每年，我们需要确定要开发多少合格的新客户，并预设新客户将带来的产值，这也是我们年度业绩指标的重要组成部分。
4	新产品销售目标	从经营的角度看，新产品的上市也是一个非常关键的指标。一个企业的新产品开发能力越强，其市场化能力通常也会越强，这是企业成熟度的一个重要标志。
5	应收款控制目标	鉴于不少企业面临应收账款总额居高不下、现金流压力大的问题，因此，将应收账款控制目标纳入年度业绩指标是十分必要的。

我们的经营目标不能仅仅局限于单一的销售额目标。经营目标的设定不仅指引着团队的努力方向，还影响着公司的投资策略，同时，也决定着公司对员工的细节要求。而这些因素，最终都会对我们的人才培养内容和方法产生深远影响。

要点三：业务模式与组织规划

当前的业务模式和组织架构可能并不一定是与战略目标

和经营目标最匹配的。因此，我们需要对业务模式和组织规划进行相应的调整。

以河南新乡的一家做食品的客户为例，他们原本主要向食品流通渠道商销售产品，由这些渠道商负责分销。在市场环境较好的时期，这种传统的分销模式运作良好。然而，随着市场状况的变化，他们开始拓展连锁超市业务，专门针对零食量贩客户。原有的销售团队无法有效应对这一新业务模式，业绩因此受到影响。

在这种情况下，我们需要对业务模式进行调整，不再依赖传统的流通方式进行大客户销售，而是组建专门的销售团队来应对这一新挑战。

此外，面对日益激烈的市场竞争，我们需要在渠道商层面加大力度。为此，我们建议他们设立渠道支持部门，以赋能和管控渠道商。

业务模式和组织规划的调整是相辅相成的，旨在共同提升企业的竞争力。从人才培养的角度来看，新的业务模式不仅改变了对员工的要求，还导致了职能分工的变化。因此，我们的培养内容和方式也需要随之调整。

值得一提的是，许多人对如何设计组织结构感到困惑。但实质上，组织结构本身并非关键，真正重要的是组织结构背后的职能分工与资源分配方式。

为供大家参考，我将在下文提供一个组织结构图和组织规划表的范本。

组织结构图：

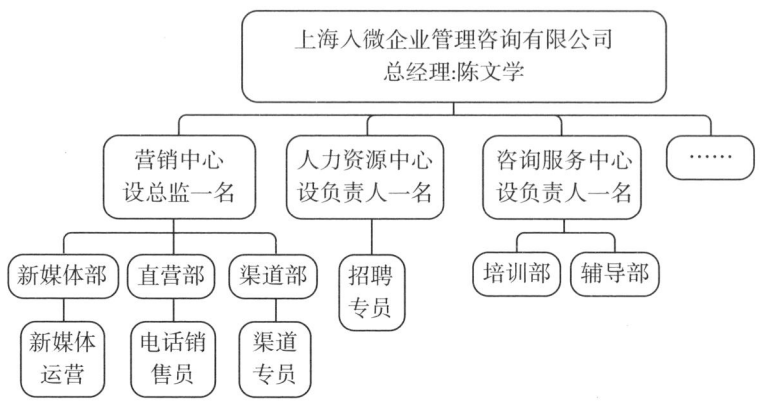

组织规划表：

部门名称	部门职能	部门编制
营销中心	1. 通过新媒体的运营与投流做获客； 2. 通过与客户的电话沟通做二次销售； 3. 通过与渠道商的合作做好区域性的推广与销售。	抖音运营 2 名 摄影 1 名 部门主管 1 名
人力资源中心	1. 为公司的人才招聘工作提供保障； 2. 为公司的对外人才招聘业务做交付支持； 3. 推动并不断完善公司销售人才库的建设。	部门主管 1 名 招聘专员 5 名
咨询服务中心	1. 负责入微销售云软件的落地实施服务； 2. 完成脱产培训业务的交付工作； 3. 实现标准化业务的顺利交付； 4. 确保公开课程的高质量交付。	培训师 30 名 咨询助理 10 名 辅导师 20 名

这个规划表本身并不复杂，真正复杂的是对业务模式和组织规划进行设计。这需要我们具备对市场、业务和竞争态势的深刻洞察，才能确保设计的合理性和有效性。

总之，在着手进行人才培养之前，我们必须先对业务模式和组织规划有清晰、深入的理解和考虑。

要点四：企业人才战略

在战略规划中，人才战略往往是最易被忽视的一环。

然而，几乎所有工作的执行都依赖于相应的人才，若人员的素质和能力不足，则一切规划与愿景都将成为空谈。因此，在企业的经营管理过程中，必须把人的因素置于核心位置，并视为最关键的要素之一。

在制定企业人才战略时，我们需要深入考虑以下四个核心问题：

1. 我们需要何种类型的人才？他们应具备哪些关键能力？他们的工作职责是什么？我们期望他们达到何种工作成果？

2. 我们需要多少这类人才？对于每种类型的人才，我们的需求量是多少？是否需要建立人才储备库以应对未来需求？

3. 我们将通过何种途径来招聘或培养这些人才？

4. 为了实现我们的人才目标，我们愿意投入多少资源和成本？

企业人才战略是前面发展目标校准、经营目标设定以及业务模式与组织规划工作的自然延伸。希望大家能够深刻理解这四者之间的内在联系，并在人才发展方面形成全面、系统的思维框架。

要点五：管理成熟度提升目标

战略不仅需要被规划，更需要被执行和实现。

战略规划为我们指明方向，而有效的管理则是实现这些目标的关键。

若战略最终未能实现，其背后可能有多种原因，但企业管理能力的欠缺往往是其中最为关键的一环。

我们之前强调了人才的重要性，但请记住，优秀的人才往往是优质管理的结果。在人才管理层面，招聘、培养、流程控制以及绩效考核等都属于管理的核心内容。

人才与管理之间存在着密切的因果关系。我们优化管理流程，本质上是为了更好地发掘和留住人才这一宝贵资产。若管理不善，即便有才华的人才愿意加入，最终也可能因种种原因而选择离开。

因此，我们应定期审视管理现状，对于民营中小企业而言，这一点尤为重要。

为了帮助大家更好地评估管理状况，这里分享一个小工具：可以定期进行内部调研，以此了解并优化管理实践。

管理工具分享：

管理现状调研表

为了更有效地提升公司的管理水平，加强内部协作，以及推动整体业务的进步，我们特此设计了一份调研表，希望倾听各位同事的宝贵意见。请大家畅所欲言，真实反映公司的当前状况，您的每一条建议都将对我们优化管理产生积极影响。

一、我工作中面临的问题

No.	面临的问题
1	
2	
3	
4	

二、希望同事有所改善的方面

No.	希望同事有所改善的方面
1	
2	
3	
4	

三、希望公司有所改善的方面

No.	希望公司有所改善的方面
1	
2	
3	
4	

补充说明：本次调研采用匿名方式，调研结果将严格保密，不会对外公开。

通过揭示内部存在的问题，我们可以根据现状对管理问题进行优先级排序，将重要的问题列入讨论和解决的日程中。

战略校准是一项要求极高的工作，它要求企业的决策层必须具备全面的视野和对细节的深刻把握。毕竟，一个无法实现的战略是不具备任何实际意义的。

第三节　经营目标设计

在战略校准阶段，我们设计的经营目标是针对未来三到五年的规划。然而，在具体的人才培养环节，我们需要根据特定的财务状况来设定经营目标。接下来，我将详细为大家解释这一过程。

经营目标的制定主要有两种方法：正向法和反向法。

其中，正向法更为常见。举个例子，如果我们上一年的销售额达到了 3000 万元，那么下一年我们设定在上一年的基础上增长 30%，这就是我们的年度经营目标。有些雄心勃勃的企业家甚至会要求增长 50% 以上。

然而，正向法需要避免仅凭主观臆断来设定目标。我们能否完成预期的销售额，与多种因素息息相关。下面，我将以表格的形式为大家详细列出这些影响因素：

No.	影响要素	简要说明
1	经济大环境	当经济大环境发生重大变化时，这为企业提供了战略调整的机会。在缺乏信心的情况下，我们应采取保守策略，首先确保企业的生存；而当我们充满信心时，则可以在危机中寻求并抓住机遇。这种战略上的调整会直接在经营目标的设计上得到体现。
2	竞争态势	当我们寻求发展时，我们的竞争对手也同样在寻求进步。因此，在进行经营目标制定之前，先进行行业内的横向对比可能会使我们更加理性地设定目标。
3	生产能力	有时，影响业绩的关键因素并不在于销售环节，而是隐藏在企业内部。例如，如果企业的生产能力本身存在不足，那么对业绩的期望就不应设得过高，否则可能会适得其反，造成不必要的压力和失望。

（续表）

No.	影响要素	简要说明
4	团队规模	市场是需要人去开拓的。现实中，有许多企业坐拥丰富的资源，却缺乏去开采这些"金矿"的"矿工"。
5	渠道能力	对于某些行业而言，渠道的力量是推动销售的主力军。因此，在制定年度经营目标时，我们必须充分考虑到渠道团队的实际能力。
6	管理水平	随着业绩的提升和团队规模的扩大，管理的复杂性也会相应增加。如果我们的管理能力不足以应对这种复杂性，那么业绩就很难持续提升。即使侥幸取得了一时的成功，也可能因为管理不善而迅速下滑。
7	存量客户	我们需要对现有的客户存量进行详细的盘点，了解他们的数量、品质以及稳定性。哪些客户能够为我们提供稳定的订单？哪些客户存在一定的风险？又有哪些客户已经没有进一步合作的机会？这些问题都需要我们做到心中有数。
8	产品结构	产品结构的合理性对经营目标有着至关重要的影响。如果我们能够为客户提供关联性高且竞争力强的产品组合，那么经营业绩的增长就会变得更加容易。
9	财务能力	公司的现金流状况和融资能力直接决定了我们的生产规划和销售规模。特别是对于那些垫资情况较为严重的公司来说，财务能力对经营目标的影响更是不可忽视。

如果我们要采用正向法来设定目标，那么首先需要对企业的实际情况进行深入的研究和理解。接着，我们需要评估可能达到的目标范围，即阈值，这样设定的目标才会更加实际和

可靠。否则，如果我们频繁地设定目标却又无法完成，这将对团队的士气和信心造成较大的打击。

反向法制定目标则是基于市场竞争的紧急性或实现战略目标的迫切性。例如，我们可能会设定一个突破性的目标，如去年销售额为 3000 万元，而今年我们期望能达到 1 亿元。在这种情况下，我们需要仔细评估要实现这一目标所需满足的前提条件，以及我们还缺少哪些关键要素。接着，我们需要考虑是否能够通过某种方式整合这些缺失的要素。只有在确认这些条件和要素都能得到满足的情况下，我们才会设定 1 亿元作为年度的经营目标。

选择哪种目标设计方法，主要取决于公司的战略目标和企业当前的实际状况。如果经营目标设计得不合理，那么我们的人才培养工作也会相应地受到影响，可能会导致人才培养的方向不明确或者资源分配不合理等问题。因此，合理设定经营目标对于企业的整体发展和人才培养都至关重要。

第四节　内部标准化

我们在前文提到过，为了做好人才培养工作，首要任务是准备好人才培养的内容。如果企业内部缺乏完善的标准化体系，那么进行人才培养就如同巧妇难为无米之炊，难以实施。

在销售人才的培养方面，我们需要构建的内部标准化内容相当丰富。接下来，我将结合管理咨询的经验，通过列表的形式为大家提供参考，以助你们在销售人才培养的道路上更加顺畅。

No.	内容板块	简要说明
1	产品知识	基于销售场景的《产品知识资料库》，这个一定要由懂销售的人出来做，而不能由搞生产或者技术的人做。
2	解决方案	《客户需求分析表》，这是一份专业的表单，旨在全方位地解析客户的需求，为销售人员在采集客户需求时提供专业化的指导。 《客户需求与我方优势的关联性说明》，该文件用于明确客户需求与公司优势之间的内在联系。 《解决方案设计与报价规范》，此规范是专为销售人员设计的专业指南。
3	行业知识	《行业知识应知应会》，这份文件是为新员工提供的学习资料，帮助他们快速了解行业基础知识。
4	岗位要求	《销售人员岗位说明书》《销售经理岗位说明书》《售前工程师岗位说明书》《交付工程岗位说明书》等
5	业务流程	《客户开发流程》《客户拜访流程》《客户管理策略》《技术交流流程》《需求分析流程》《搞定关键人的七步流程》《项目营销流程》《产品交付流程》《项目招投标规范》《销售团队例会流程》等
6	管理规范	《销售主管工作指导书》《售前工程师工作指导书》《常见管理问题的分析与解决》等
7	工具使用	《CRM填写、检查与考核规范》《销售工作使用规范》等

（续表）

No.	内容板块	简要说明
8	薪酬绩效	《销售人员薪酬绩效制度》《销售主管薪酬绩效制度》《售前工程师薪酬绩效制度》《交付工程师薪酬绩效制度》《销售总监薪酬绩效制度》等

如果企业自身不具备进行标准化建设的能力，我建议大家寻求与专业咨询机构的合作。企业的厂房、设备、技术、产品以及人才，这些都是企业经营的硬件基础，而内部标准化则相当于软件，它的作用是驱动这些硬件更有效地转化为商业价值。

这就像我们购买一台电脑后，需要安装系统软件和应用软件才能充分发挥其功能。很多时候，我们会发现软件的价格甚至超过了硬件本身。

同样地，企业的标准化体系就是这个"软件"，它用于指导员工的行为，确保他们能够以更高效、更统一的方式呈现出企业期望的结果。

然而，我们注意到一个问题：许多企业愿意投入数十万元甚至上百万元购买设备，但当提到投资完善企业内部标准化体系时，他们却显得犹豫不决。实际上，这是一项比硬件投资更有价值的投入。标准化体系能够确保企业的运营更加高效、有序，从而提升整体业绩和竞争力。因此，企业应该更加重视并愿意投入资源来完善这一体系。

第五节　工具体系设计

准备好适用的工具，可以有效降低销售工作与管理工作对人员能力的高要求。

工具主要分为两类：一类是销售工具，用于直接支持销售活动；另一类是销售管理工具，旨在提升销售管理的效率和效果。

销售工具的设计：

销售工具有三类：展示工具、成交工具与辅助工具。

工具类型	工具说明
展示工具	为了更好地向客户展示我们的产品、业绩和优势，我们可以运用各种工具来弥补个人在表达和展现能力上的不足。 常见的展示工具： 1. 样品箱、产品展示车； 2. 公司介绍、产品介绍的 PPT； 3. 电脑、投影仪； 4. 成功案例、往期业绩的 PPT 介绍、照片、视频； 5. 与客户常见问题对应的 PPT、文字资料和视频。
成交工具	在成交环节使用的工具，包括以下几种： 1. 制式合约，一旦客户有成交意向，我们可以立即提供，以确保交易的顺利进行； 2. 需求确认书，用于与客户明确和确认需求，展现我们沟通过程的专业性，并推动谈判的进展； 3. 服务流程与规范，让客户在成交前对后续服务有清晰的了解； 4. 收款二维码，便于在快速成交环节中，客户可以方便地完成支付（以往多使用 POS 机）。

（续表）

工具类型	工具说明
辅助工具	在销售工作中，辅助销售工作的工具包括以下几种： 1. 常备的伴手礼； 2. 客户信息表、客户需求分析表； 3. 常见销售问题的分析与解决策略。

所谓销售工具，旨在通过工具化手段让销售工作变得更简单，降低对人的过高要求，从而在人才培养过程中节省大量精力成本。

销售管理工具的选型：

CRM 系统对于销售团队而言是不可或缺的管理工具。然而，很多企业对 CRM 的理解仍停留在信息存储的层面，实际上，CRM 应作为一种强大的销售团队工作过程管理工具来运用。

在选择 CRM 工具时，多数企业会关注其功能、价格和品牌。然而，真正内行的人会更加重视软件的实施过程。对于管理类软件而言，功能的占比仅为三分，而实施的重要性则占到了七分。

在软件选型时，我们不仅要关注其功能，更要重视软件供应商的实施能力。

因此，在销售管理工具的选型上，我们提供以下三条建议：

1. 不必过分追求功能的先进性。在实际应用中，许多看似强大的功能可能都用不上。

2.务必确保软件逻辑与企业的业务逻辑和管理逻辑相匹配。软件作为一种管理工具,如果与企业的业务场景和管理场景不相符,那么再好的功能也无法发挥其应有的效用。

软件供应商的实施能力至关重要。我们需要实施工程师不仅懂业务、懂管理,最好还能懂一些经营策略,这样才能充分发挥软件的潜力。

第六节　管理工具导入

管理工具的导入在很多企业中确实是一个棘手的问题。一方面,不论是基层还是中层员工,在导入管理工具时常常会表现出抵触情绪;另一方面,即便成功导入了管理工具,也往往未能真正发挥其效用,而只是成为了一种形式,随着时间的推移便逐渐被忽视。

我们有一位江苏南京的客户,我曾为他们讲授过管理干部素养和管理实践的课程。在授课过程中,当我们提及要引入CRM系统时,当场就有员工站起来对老板说:"老板,如果你真要这么做,我们就不干了。"

另一位陕西的客户则遭遇了更糟糕的情况。我曾与他通话，建议他加强客户管理。然而，当他在公司会议上提出考虑引入 CRM 系统以加强过程管控后，没几天便有三分之一的销售人员离职。后来才了解到，这些销售人员在广东地区工作时缺乏监管，普遍存在兼职行为。他们担心一旦引入 CRM 系统，自己的兼职行为将无法继续。

因此，管理工具的导入需要企业决策层展现出坚定的决心。企业期望员工能够按照公司的要求开展工作，然而许多员工却渴望工作的自由。特别是对于销售人员来说，他们往往不愿将客户信息和工作情况记录到 CRM 系统中，因为这可能使他们失去某些可依赖的"筹码"。

那么，如何解决这个问题呢？我给大家提供几个建议：

1. 在导入管理工具之前，务必要做好内部的宣传教育工作。导入管理软件不仅是为了使公司的管理更加规范，保障公司的利益，更重要的是帮助大家提高工作效率，从而让大家都能获得更好的收入。

2. 对管理干部进行系统化培训，使他们了解如何有效利用管理工具来优化管理工作。我们应尽力让他们在心理和行为上都能适应管理软件的导入。

3. 将管理工作的导入与薪酬体系相结合。对于那些能够熟练运用管理工具的员工，公司应给予相应的奖励；而对于使用不当或不愿使用的员工，公司则应予以批评和适当的惩罚。通过薪酬这一激励机制，引导大家更好地运用管理软件。

4. 企业的决策层必须坚定信念。对于那些顽固不化、无法改变其想法的员工，应坚决予以清退。在企业中，规则是重要的底线，公司绝不能轻易退让，否则员工可能会进一步侵占公司的利益。

第七节　系统化的培训

我们之前已经完成了标准化设计和管理工具的导入。为了确保这些举措能够真正落地实施，我们需要对团队成员进行系统的培训。

我们需要让每位成员都明确自己的岗位职责和岗位要求，同时掌握相应的工作方法，这样才能确保各项任务能够得到有效执行。

在系统培训方面，我给大家提供几个建议：

1. 培训工作最好由公司的高层领导，如一把手负责，并确保全员参与。因为如果没有一把手的坚定领导和在培训过程中的有力推动，想要将系统培训真正落到实处，难度会很大。

2. 将培训结果与员工的薪酬挂钩。培训结束后进行考试，如果考试不合格，应根据公司的相关规定进行惩罚，且惩罚力度不能太小。否则，员工可能不会对培训工作给予足够的重视。

3.每月或每季度要对培训工作进行复盘,了解培训的开展情况和最终效果,并随时进行纠偏和提出新的要求。这样,大家才会真正重视培训工作。

4.对于培训内容,要求员工在规定期限内掌握。如果无法如期掌握,可以采取类似"熬鹰"①的手段。我们经常提到一个概念叫作"打造团队",而不经过一番"打磨",又怎能"造就"出一个优秀的团队呢?

下面我分享一个案例,希望能对大家有所启发。

> 我们有一位朋友,在浙江杭州经营一家提供团建服务的公司。我曾为他们提供过一次关于谈判技巧的培训课程。该课程共持续了三天,课前我们约定前两天半上课,最后半天进行考试。同时也约定了考试不合格的人员需要在团队群里发红包:如果老板或总经理不合格,每人需发2000元红包;主管不合格,每人发500元红包;销售员不合格,每人发200元红包。
>
> 在培训开始前,老板向大家明确表示:"考试不合格且不愿意发红包的人员,请尽早离开。我会给你们发工资,但对于那些业绩糟糕、花钱请老师培训却不好好学习的人员,我们一律不留。"

---

① 所谓"熬鹰",即限期通关。例如,将培训人员分成若干个小组,并规定在某个时间段内必须掌握所学内容。如果小组中有一个人没有过关,其他组员需要陪他一起过关后才能回家。我们通过这种方式给予员工足够的压力,以提高他们的学习效率。

在第三天的考试中，我记得那个群里共发出了将近8000元的红包，其中老板发了500元，总经理发了2000元，群里真的下起了"红包雨"。

自那以后，每当他们举办培训时，在课间休息的15分钟里，很多人都会花两三分钟时间去清理一下手机内存，然后回到座位上抱着笔记本开始背诵知识点。因为他们知道，如果考试不合格，真的要发红包的。这样一来，大家的学习积极性和培训效果都得到了显著提升。

第八节　知识能力考核

员工不会做我们希望他们做的事情，只会做我们关注并考核的事情。这句话不一定绝对正确，但在多数情况下是适用的。

入微咨询建议进行常态化的员工知识能力考核，因为这样员工才能真正地掌握专业知识和业务流程。

试想一下，如果我们现在重新去做当年中考或者高考的试卷，还能拿到多少分？可能只能拿到五分之一的分数。为什么呢？因为我们很久没有进行相关练习和考试了。

专业知识的掌握和专业能力的提升也是如此，只有经常考核、经常使用，才能牢记于心。

通常，我们建议每月进行一次知识能力考核。原则上，培训过什么就考什么，哪些方面有问题就考哪些方面，这样对日常工作才更有意义。

在知识能力考核阶段，需要解决两个技术问题：第一，建立公司内部考试的题库，涵盖产品知识、行业知识、业务流程、管理规范等方面，以便在考试时抽取相关题目，也便于员工平时练习；第二，需要一个在线考试系统，即使员工远在外地，也可以在线参加考试，从而节省考试的组织成本。

此外，我们推荐入微销售云软件，该软件整合了题库系统和考试系统。同时，我们还提供了一个非常实用的功能：将培训材料，包括文件、图片、视频等，上传到 CRM 软件中，方便大家随时学习。这样，我们就在 CRM 中构建了一个有利于提升销售人员能力的良好环境

第九节　工作过程管控

最后，我们必须强调工作过程的管控。这是确保人才培

养工作有效实施的最关键步骤,然而,这也是大家最容易忽视的环节。

我们传授的内容,员工们真的理解了吗?学会了吗?是否已应用于实际工作中?这些问题的答案,唯有通过日常的工作管控来探寻。

在我们提供管理咨询的过程中,我们会与客户达成一个重要共识:对于民营中小企业,老板在项目实施过程中必须亲身参与,全程跟进。如若不然,我们会重新评估项目的风险。若老板不参与可能导致项目失败,我们会选择不接这个业务。

为什么呢?没有老板的积极参与,工作过程的管控将难以顺利推进。

工作过程管控包含以下三个核心流程:

1. 每日工作计划、工作成果与过程轨迹的跟踪管理;
2. 常态化的业务复盘与深入分析;
3. 在工作管控中,严格执行行为绩效考核。

下面,我们通过表格为大家简要说明:

动作	动作说明
目标计划管理	在目标计划管理工作方面,需关注以下三个核心动作: 1. 盯紧工作计划 要求员工每日写工作计划,一方面不仅有助于我们关注他们的工作饱和度和效率,另一方面更能促使员工养成良好的工作习惯,进而提升他们的时间管理能力。 多数企业会要求员工写日报,但若缺乏事前计划的管理,日报的实际效用将大打折扣。

（续表）

动作	动作说明
	2. 监督工作结果 每项计划都应对应一个明确的结果。通过关注这些结果，我们能更全面地了解员工的工作成效，并在发现问题时提供有针对性的培训。 3. 追踪工作轨迹 对于销售人员的外勤工作，我们必须密切追踪其工作轨迹。包括他们是否到访过某地点、何时到达、何时离开、与客户沟通的内容以及达成的结果等细节。掌握这些信息后，我们才能更有效地识别并解决问题。
业务复盘与分析	管理实质上是一个不断纠偏的过程，要在执行中细心观察，进而有规划地进行业务复盘与分析。 1. 业务复盘 每当一项业务告一段落，不论其成功与否，都应当共同回顾。我们需参照内部流程和标准，审视哪些环节做得正确，哪些存在不足，并探讨如何改进。业务复盘是将标准化要求落到实处的关键环节。通常，新员工入职后的前两周，其上级主管应每日进行业务复盘；而在常规情况下，每周至少应复盘一次。 2. 业务分析 在业务推进的过程中，应定期就当前业务进展进行讨论。结合内部流程和标准，分析哪些做法有效，哪些需要改进，探讨补救措施，协调团队内部合作，并制订后续工作计划。业务分析是减少业务推进中错误的关键步骤。销售主管应通过 CRM 软件实时掌握下属的业务动态，一旦发现需要，即刻组织内部业务分析，以此增强团队对业务工作的理解，并提升整体能力。 综上所述，缺乏业务复盘与分析，想要提升销售人员的工作能力几乎是不可能的。对于管理层，我们同样需要进行复盘与分析，以便及时发现并解决管理工作中的问题，从而在纠偏中不断提升管理能力。

（续表）

动作	动作说明
行为绩效考核	有效地改变一个人的方法，往往是在其犯错时给予足够的触动。在提升认知方面，大多数人更倾向于从实践教训中学习，而非单纯接受教育。行为绩效考核正是一种在员工犯错时给予教训的机制，它利用人们的趋利避害心理，引导员工逐步规范自身行为。 关于行为绩效考核的日常操作，建议如下： 1. 团队主管应每日进行行为绩效考核（对于一般带领5—7人团队的主管来说，如果将过程管理做足做透，所需时间大约在半小时到一小时之间[①]）； 2. 上午检查团队成员的工作计划，对不符合要求的成员扣除行为绩效； 3. 晚上检查工作轨迹和工作成果，对未达标的成员同样扣除行为绩效； 4. 在业务复盘中，检查是否遵循了公司的流程规范，如有违规，也需扣除行为绩效； 5. 每日在公司群内公开行为绩效考核的结果，包括扣分情况和扣分原因，以此激励大家不断优化工作表现。 管理的核心目标是纠正偏差、推动改变。而真正能够促成这种改变的，正是行为绩效考核。通过这样的过程，员工的能力才能得到有效提升。

要确保最终的落地效果，过程管控是不可或缺的环节。期待员工能自发地将所学应用于实践，这种想法虽好，但显然过于理想化，实际操作中效果往往不尽如人意。

现在，我们来对销售人才培养工作进行总结。

[①] 有些主管可能不愿意进行过程管理，此时需明确告知，管理工作对应的职责就包括这一项。如无法接受，则不建议其担任管理岗位。

人才培养是一个系统性的大工程，它要求我们从战略规划到具体战术再到执行层面，都要脚踏实地、逐步推进，唯有如此，才能确保项目的有效落地。在推进过程中，如果我们抱有侥幸心理，期望能够轻松达成目标，那么最终的效果可能会大打折扣。

　　我衷心希望大家能多次研读我们的书，深刻理解其中的逻辑框架，并在实践中严格遵循书中的流程和规范。我坚信，只要大家这样做，人才培养工作定会开花结果，取得丰硕的收获。

附录一　销售人才基本功评估表

销售人员基本功评估策略

一、销售人员基本功评估的内容

1. 时间管理的意识与能力，以及他们当前时间管理的现状。

2. 沟通准备的意识与能力，评估销售人员在销售工作中对沟通准备的重视程度和实际准备情况。

3. 收集信息的意识与能力，以及他们当前信息收集的现状。

4. 对客户需求的理解，以及客户需求分析的意识与能力。

5. 影响客户采购标准的意识与能力。

6. 对客户服务工作的理解，以及客户服务的意识与能力。

7. 获得客户信任的意识与能力，建立并维护与客户的信任关系，以及对此的认知。

8. 沟通中控制节奏的能力，以及对自己业务工作流程的了解程度。

9. 客户管理的意识与能力，以及当前客户管理的现状。

10. 发展人脉的意识与能力，以及当前人脉管理的现状。

二、销售人员基本功评估策略

1. 时间管理

No.	评估策略
1	日常工作中,有写工作计划的习惯吗?如果有,能否分享一下以供我们参考? 评估要点: 1. 写作频率与主动性:平时是否养成写工作计划的习惯?计划的写作频率是怎样的?是主动撰写工作计划,还是在外部要求或压力下被动完成? 2. 计划的可读性与内容完整性:工作计划采用的形式是否能够让人容易理解?计划中的内容是否详尽?比如是否清晰列出了相关联的客户、联系人以及具体业务内容? 3. 计划思路与实用性:构思工作计划的基本逻辑是什么?为何选择这样的写作方式?这种计划对工作有哪些实际的帮助和益处?
2	在你的日常工作中,是否有意识地安排了学习提升的内容? 评估要点: 1. 学习的频率与时间安排:是否在平时的工作中安排了专门的时间用于学习?会在什么时间段进行学习? 2. 学习内容与工作的关联性:学习的内容主要是什么?这些内容与当前的工作有多高的关联性?
3	在工作安排中,是否有明确的优先级顺序? 评估要点: 1. 工作的有序性:被评估者在工作中是否显得有条不紊,还是常常给人一种忙乱无序的感觉? 2. 重点内容的关注度:被评估者是否能够明确识别并重点关注工作中的重点任务、关键客户和重要项目? 3. 时间的合理分配:被评估者在工作时间内,是否会将时间花费在与工作无关的事情上?

2. 沟通准备

No.	评估策略
1	如果你要拜访一个陌生客户,你会做什么样的准备工作? 评估要点: 1. 你是否分析过这种类型客户的需求特点? 2. 你有没有尝试通过第三方途径去打听客户的情况? 3. 对于可能的沟通场景,你是否进行了预设? 4. 针对客户可能提出的各种问题,你是否准备了充分的预案? 5. 你是否准备了销售工具?都准备了些什么? 评估说明: 1. 在正式评估时,以上问题应针对某个具体场景来提问; 2. 尝试了解更具体的内容,例如,可以要求展示一下销售工具,或者询问解决问题的预案中都包含了哪些内容,等等。
2	如果你请朋友引见一个客户,你会做什么样的准备工作? 评估要点: 1. 朋友的引见方式是否合适? 2. 是否与朋友一起分析了目标对象?具体分析了哪些内容?是否设定了分析的标准? 3. 是否提前与客户进行了预约?预约时,通常会关注哪些问题? 评估说明: 1. 此评估应基于具体案例进行,若无实际案例,则需评估其人脉资源的积累与运用情况; 2. 在分析目标对象的标准时,要求被评估者立即进行陈述,不得给予额外的缓冲时间。

（续表）

No.	评估策略
3	如果你要拜访一个曾经合作过的"休克"客户，你会做什么样的准备工作？ 评估要点： 1. 你是否分析过客户"休克"的原因？你认为导致客户"休克"的原因是什么？ 2. 你是否提前做了功课，深入分析了客户的资料？或者是否通过知情人士了解了相关情况？ 3. 你是否会提前预约客户？如果预约，你会如何沟通？ 4. 在去见客户之前，你会做哪些具体的准备工作？ 评估说明： 1. 在分析客户"休克"的原因时，应综合考虑主观和客观因素，确保分析结构完整； 2. 如果可能的话，可以要求被评估者通过具体案例来详细说明其准备过程和应对策略。
4	如果一个客户表示愿意听你介绍产品，并且拜访时间灵活，你应该做哪些准备？ 评估要点： 1. 你如何确定这次拜访的具体目标？ 2. 在拜访前，你会进行哪些准备工作？ 评估说明： 1. 拜访客户的目标应当清晰明确，具有全局意识，确保拜访过程中有针对性地沟通和交流； 2. 关于准备工作的评估，需结合具体的销售模式进行。可参考顾问式销售策略与大客户销售策略，确保充分准备，提高拜访效果。

3. 信息收集

No.	评估策略
1	你在收集客户组织信息时，通常会收集哪些内容？能否给出具体实例，并提供有效证实？ 评估要点： 1. 请被评估者详细描述或列出客户信息表，检查其中是否包含决策链信息； 2. 核查被评估者所提供的佐证材料，确保其真实性和有效性。
2	你在收集联系人信息的时候，会收集哪些内容？以什么方式收集？ 评估要点： 1. 让被评估者描述或写出联系人信息表，能不能找到可能影响到业务的信息； 2. 检查被评估者的佐证内容； 3. 要求被评估者阐述信息收集方式。
3	你在收集客户需求信息时，会收集哪些内容？为什么你会选择收集这些内容？ 评估要点： 1. 要求被评估者即时描述或写下客户需求，不给予额外准备时间； 2. 评估其描述产品或服务需求的结构化程度； 3. 评估其对除产品本身需求之外的其他需求的认知程度。
4	你有没有收集竞争对手信息的习惯？你对竞争对手了解到什么程度？ 评估要点： 1. 要求被评估者对竞争对手做描述； 2. 评估其表达的结构化程度； 3. 看被评估者有没有看到竞争关键点，有没有市场视角与客户视角。

4. 需求分析

No.	评估策略
1	谈谈对客户关系本质的看法。 评估要点： 1. 看被评估者能不能关注到客户与企业之间需求的相互满足； 2. 看被评估者能不能看到产品以外的其他需求； 3. 如果被评估者能够看到产品以外的需求，要求其做详细的阐述。 评估说明： 1. 结合所属行业特点做阐述； 2. 结合具体案例阐述产品以外的需求。
2	谈谈对客户需求的理解。 评估要点： 1. 结合所属行业，要求其阐述对客户完整需求的理解； 2. 评估其需求的结构化程度； 3. 评估其对隐性需求与无形需求的认知； 4. 让他谈谈是以什么样的方式了解需求的。 评估说明： 1. 需求的三种模型：显性／隐性／无形需求、对产品／供应商／人的需求、客户有认知的与需要启发的需求； 2. 了解需求的方式与对需求的认知有关系，要综合考量。
3	谈谈客户对你们产品或服务的需求是什么。 评估要点： 1. 看被评估者能不能结构化，比如：客户的需求分为三个方面，第一方面是…… 2. 看被评估者能不能看到品质与价格之外的软性需求； 3. 看被评估者有没有标准化的客户需求模型。

5. 影响客户采购标准

No.	评估策略
1	你原先所在的公司,有没有遇到过客户需求与你们的产品/服务特质产生冲突的情况?如果有,你是怎么解决的?为什么要选择这种解决方式? 评估要点: 1. 要求被评估者讲述冲突是什么,来自哪里; 2. 评估被评估者解决方式是否合理有效。
2	如果要改变客户的认知方式与采购标准,你有什么样的解决方法? 评估要点: 1. 看被评估者有没有真正的客户视角; 2. 看被评估者有没有能力引导需求,并建立认知壁垒。

6. 客户服务

No.	评估策略
1	请你花5分钟时间阐述一下什么是客户服务。 评估要点: 1. 看被评估者能不能看到让人满意的服务; 2. 要求被评估者说说他是怎么做的。
2	要做好面向具体事情的服务,你觉得哪些方面比较重要?该怎么做? 评估要点: 1. 被评估者是否具备客户视角和企业利益视角; 2. 被评估者是否事先约定服务准则; 3. 被评估者能否在服务过程中做好沟通。
3	要做好面向人的服务,你觉得哪些方面比较重要?该怎么做? 评估要点: 1. 看被评估者能不能有客户视角,先研究人再服务人; 2. 看被评估者能不能有面向群体的意识; 3. 看被评估者有没有客户分级的意识。

7. 建立信任

No.	评估策略
1	案例分析： 1. 小王想请客户吃饭，在吃饭时谈谈合作的事情，但客户老是推脱没有时间，你觉得问题出在哪里？ 2. 在销售工作中，年龄大的销售人员比年龄小的容易成交，你觉得原因是什么？年龄小的该怎么做才能解决这些问题？ 3. 为什么有些采购一直压低我们的价格，最终却买竞争对手的高价产品？ 评估要点： 1. 看被评估者有没有意识到信任在销售工作中的作用； 2. 看被评估者在建立信任方面用什么样的方法。
2	在与客户建立信任方面，你有什么样的方法？ 评估要点： 1. 如果被评估者没有建立信任的意识，这一条就不用评估了； 2. 看看建立信任的四个要点，被评估者能意识到几个。

8. 控制节奏

No.	评估策略
1	当你面对预约拜访并即将进行第一次沟通的客户时，你的沟通流程是怎样的？ 评估要点： 1. 看被评估者的思路是否清晰； 2. 看被评估者有没有客户视角，有没有顾问式沟通的意识； 3. 可以尝试场景化沟通，看对方的表现。
2	在沟通中，你在什么情况下会采取成交动作？ 评估要点： 1. 先了解对方的业务模式，是 To C 的还是 To B 的； 2. 评估他的成交控制点，是否符合流程和谈判策略要求。（结合顾问式沟通策略、大客户开发策略、搞定关键人的七步流程来评估）

9. 客户管理

No.	评估策略
1	你平时关注订单多一点，还是关注客户多一点？ 评估要点： 1. 手上的客户，是大客户多，还是小客户多？ 2. 平时的工作，是面向客户多，还是面向订单多，在日常的销售工作中，一般有哪些动作？
2	在客户管理方面，你做了哪些动作？ 评估要点： 1. 如果是面向订单比较多，这一条就不用评估了； 2. 列出客户管理动作，并详细陈述为什么要执行这些动作以及具体如何操作。 3. 看一下被评估者的客户信息模型。
3	你觉得怎样算是客户关系不错？ 评估要点： 1. 看被评估者对客户关系是否有理性的认知； 2. 看被评估者能不能对客户关系做分级。
4	你有没有做客户分级？分级的标准是什么？ 评估要点： 1. 看被评估者有没有真正的客户分级意识； 2. 评估一下分级标准是否合理。

10. 人脉经营

No.	评估策略
1	你的行业人脉如何？ 评估要点： 1. 看被评估者有没有行业人脉； 2. 如果有，评估一下人脉的数量与品质。

（续表）

No.	评估策略
2	在经营人脉方面，你采取什么样的策略？ 评估要点： 1. 看被评估者是主动有意识地经营人脉，还是被动无意识地经营人脉； 2. 看被评估者的人脉经营是否有章法。

附录二 销售主管基本功评估表

销售主管基本功评估策略

一、销售主管基本功评估的内容

1. 作为销售人员的基本功评估。

2. 对基本管理意识的评估。

3. 对管理者基本职能的认知与能力评估。

二、销售主管基本功评估策略

1. 销售工作基本功评估,参照销售人员基本功评估策略,独立评估。

2. 对基本管理意识的评估

No.	评估策略
1	在你日常的销售团队管理中,你会执行哪些管理操作?(如果是岗前培训的干部,请说明你将计划执行哪些管理操作) 评估要点: 1. 参照《销售团队日常管理入微模式》中的《管理者工作地图》,核查被评估者是否执行了基本的管理动作; 2. 针对目前实施的管理操作,询问被评估者其背后的原因;评估其管理意识是否以企业利益为出发点,是否有为实现经营和战略目标而努力的态度。
2	你如何理解一个优秀的销售团队?请从实际角度出发进行阐述。 评估要点:

（续表）

No.	评估策略
	1. 评估被评估者看待问题是否全面，是否同时考虑了能力、工作表现和业绩三个方面； 2. 在团队氛围与执行力之间，考察被评估者如何取得平衡。
3	遇到以下情况，请如实回答你会如何处理： 1. 团队中有人"飞单"，你知情但公司不知情，而且你与他关系不错，这时你会怎么做？ 2. 团队中某人业绩出色，但不服从管理，经常做出格的行为，你打算如何应对？ 3. 团队中有人工作非常努力，表现良好，但业绩就是上不去，明显能力稍逊，然而对方不愿放弃这份工作，你准备如何处理？ 评估要点： 1. 评估被评估者是否能从企业利益出发，控制"飞单"行为，并妥善处理能力不足的员工； 2. 评估被评估者是否具备长远眼光，能否将不遵守管理规定的员工排除出团队； 3. 评估被评估者是否有管理的自信，能否有效培养团队，并严格控制工作过程。

3. 团队组建意识与能力评估

No.	评估策略
1	当招聘新人加入团队时，你如何评估他们是否适合？ 评估要点： 1. 评估被评估者是否关注应聘者的行业经验和专业背景，或者是否重视他们是否能带来业务资源； 2. 观察被评估者是否认识到天赋的重要性； 3. 检查被评估者是否关注应聘者的动机，并评估其采用的评估方法是否恰当； 4. 了解被评估者是否考虑新员工的可控性。

（续表）

No.	评估策略
2	你如何判断一个人是否具备所需能力？ 评估要点： 1. 观察被评估者是否能洞察行业经验背后的认知基础； 2. 检查被评估者是否关注天赋，并具备评估天赋的能力。
3	对于"选人首重人品，然后才是能力"这一观点，你的看法是什么？ 评估要点： 1. 评估被评估者是否理解"人品无法完全替代能力"的重要性； 2. 考察被评估者是否具备足够的管理自信，能够有效管理人品一般但具备能力的员工。
4	在团队组建过程中，你是否为团队制定过规则？如果制定过，这些规则是什么？（如果是岗前培训，询问是否需要制定规则，如果需要，应如何制定？） 评估要点： 1. 核查被评估者是否具有制定规则的意识； 2. 评估被评估者所制定的规则是否有助于团队提升业绩。

4. 团队培养意识与能力评估

No.	评估策略
1	在日常管理工作中，你有进行团队培养的活动吗？如果有，请具体阐述。（对于岗前培训，询问是否有团队培养的规划，以及准备采取哪些行动？） 评估要点： 1. 考察被评估者是否具有团队培养的意识与意愿，真正思考过这个问题的和未思考过的，能力上存在显著差异； 2. 考察被评估者是否具备针对性培养的意识，以及在进行培养之前，是否进行人才能力评估工作； 3. 考察被评估者是否具有标准化意识，即是依赖口头传授知识与经验，还是基于标准化流程进行培养；

（续表）

No.	评估策略
	4. 考察团队培养是否有明确的目标和计划管理意识； 5. 考察被评估者是否具备业务复盘和分析的意识，能否在工作过程中融入人才培养。
2	当你评估团队成员时，通常从哪些方面入手？ 评估要点： 1. 考察被评估者是否具有评估团队成员能力的意识，其评估方法和侧重点是什么； 2. 考察被评估者是否关注团队成员的工作表现，如何评估这些表现，以及是否有明确的工作表现标准； 3. 考察被评估者是否具备评估业务的意识，是否关注客户和订单的质量。
3	你的团队培养内容主要涵盖哪些方面？ 评估要点： 1. 考察是否提供产品知识和行业知识的培训，并询问这些培训是否有标准化的基础； 2. 考察是否进行业务流程和工作标准的培训，并确认这些培训是否建立在标准化的基础上； 3. 考察是否提供管理规范的培训，并了解这些培训是否具有标准化的基础。
4	你采取何种方式来解决团队成员学习不积极的问题？ 评估要点： 1. 在培训开始前，是否会明确培训要求，并对未通过培训的人员采取相应措施； 2. 培训结束后，是否会对培训成果进行考核，并与奖惩制度挂钩； 3. 在日常工作复盘中，是否关注已培训过的内容，并对未掌握或未落实的情况进行处理。

5. 团队激励意识与能力评估

No.	评估策略
1	你觉得员工在职场上的需求是什么? 评估要点: 1. 评估被评估者是否能洞察到员工除薪酬以外的其他需求; 2. 考察被评估者是否认识到不同年龄层员工的需求差异; 3. 检验被评估者对于员工职场需求的整体理解是否全面。
2	在日常管理工作中,你有哪些激励团队的方式? 评估要点: 1. 通过被评估者的描述,判断其是否有意识地采取团队激励措施; 2. 评估被评估者采取的激励措施是否具备专业性和有效性; 3. 请被评估者分享其职业生涯中成功的激励案例。
3	你对你的下属了解到什么程度?能否简要说明? 评估要点: 1. 考察被评估者是否有建立团队档案的习惯; 2. 探究被评估者对下属的了解深度,以及是否建立了相互了解的机制。
4	对工作努力但业绩一般的下属,你会如何激励他? 评估要点: 1. 观察被评估者是否关注团队中表现稍逊的成员; 2. 评估被评估者采取的激励方法是否专业和有效。
5	面对行业的不景气或团队业绩的下滑,你会如何鼓舞团队士气? 评估要点: 1. 考察被评估者在逆境中是否能够积极寻找和把握机会; 2. 评估其鼓舞士气的方法是否专业和有效。

6. 业务支持意识与能力评估

No.	评估策略
1	你平时是否对团队成员进行业务支持？如果有，具体都做了哪些工作？ 评估要点： 1. 评估被评估者是否过于关注自身职责，而忽视了对下属的业务支持； 2. 考察被评估者是否会主动提供业务支持； 3. 检查被评估者的业务支持工作是否全面，包括但不仅限于陪同拜访客户、进行业务复盘与分析、内部协调工作以及提供工作指导等。
2	你认为业务支持对于团队管理工作有哪些意义？ 评估要点： 1. 观察被评估者是否能认识到业务支持对于增强团队凝聚力的作用； 2. 考察被评估者是否能看到业务支持场景化的人才培养和流程落地。

7. 销售管控意识与能力评估

No.	评估策略
1	你在平时的团队管理中，是否会监管团队成员的工作过程？具体会采取哪些措施？ 评估要点： 1. 考察被评估者是否具备关注工作过程的意识； 2. 了解被评估者是否采取了专业的管控措施，这些措施应包括但不仅限于目标计划管理、业务复盘与分析、定期的团队例会以及有针对性的培训等； 3. 如条件允许，可查看被评估者使用的客户关系管理系统（CRM），寻找其过程管理的关键痕迹。

（续表）

No.	评估策略
2	当团队中出现不愿意接受过程管控的成员时，你会如何应对？ 评估要点： 1. 若被评估者在平时没有实施销售管控措施，则此问题不适用； 2. 观察被评估者在面对这种情况时是选择坚持还是妥协，并探究其理由，评估其是否能够在短期利益和长期利益之间找到平衡点。
3	在进行销售管控时，我们遵循的标准是什么？ 评估要点： 1. 探究被评估者是否拥有系统化的流程和标准来支持销售管控工作； 2. 评估这些流程和标准的专业程度，以及它们是否符合岗位工作的实际需求。

8. 客户管理意识与能力评估

No.	评估策略
1	你对团队客户管理的情况是否充分了解？我们目前采取了哪些客户管理措施？ 评估要点： 1. 考察被评估者是否具备从团队整体角度考虑客户管理的意识； 2. 评估团队当前客户管理的状况，判断其是否处于有效控制之下； 3. 了解被评估者是否已引入客户关系管理系统（CRM），并确认客户信息管理动作的实施情况； 4. 探究被评估者是否进行了客户需求管理； 5. 检查被评估者是否开展了客户关系管理工作； 6. 了解被评估者是否实施了客户分级管理。 评估说明： 1. 如条件允许，可查看被评估者使用的 CRM 系统； 2. 通过 CRM 系统，核实客户管理工作的实际落地执行情况。

（续表）

No.	评估策略
2	你采取了哪些方法以确保客户管理的有效性？ 评估要点： 1. 若客户管理工作未开展，则此条无需评估； 2. 询问被评估者采取何种方式进行客户信息管理，并确认客户信息、联系人信息、项目信息等是否有标准化的模板； 3. 了解被评估者目前如何进行客户需求管理，并探究客户需求是否有标准化的模型，以及该模型的科学性； 4. 询问被评估者如何定义和具体化客户关系，并了解客户关系的分级方式； 5. 了解客户分级管理的依据，并评估其当前的执行效果。

9. 体系建设意识与能力评估

No.	评估策略
1	在团队管理过程中，你是否为团队建立了标准化体系？ 评估要点： 1. 是否对产品和行业知识进行了标准化，并持续进行优化更新？ 2. 业务开发过程是否有明确的标准化流程？ 3. 客户管理是否遵循了标准化流程？ 4. 团队的日常管理是否有标准化的操作流程？ 5. 针对常见问题，团队内是否有统一的分析与解决思路的标准化文件？
2	你所制定的流程具体是怎样的？其中的关键要素是否完备？ 评估要点： 1. 流程的表现形式是什么？是几何图形配合箭头、VISIO 跨部门流程图，还是 WORD 文件形式来展现？ 2. 流程中每一步的工作方法描述是否详尽完整？ 3. 每一步的执行标准是否明确，是否具有可执行性？

（续表）

No.	评估策略
3	流程的专业程度如何？是否便于团队能力的赋予和复制？ 评估要点： 1. 客户拜访流程设计是否科学合理且易于实施？ 2. 客户开发流程是否具备科学性和实操性？ 3. 客户管理流程是否科学，能否顺利落地执行？ 4. 日常管理的工作流程是否科学，其实施效果如何？ 评估说明： 1. 将客户拜访流程与入微咨询的《客户预约拜访流程》进行对比分析； 2. 将客户开发流程与入微咨询的《大客户开发核心五步流程》《顾问式销售流程》《渠道开发与管理流程》《项目销售七步流程》以及《搞定关键人的七步流程》进行比对； 3. 将日常管理的工作流程与入微咨询的《销售管理者工作地图》进行比对，以评估其科学性和实用性。

10. 沟通协调意识与能力评估

No.	评估策略
1	你与公司顶头上司的沟通情况如何？请如实回答。 评估要点： 1. 你的上级是否全力支持你的工作，这背后的原因是什么？ 2. 你与上级的交流是否频繁且充分？交流的内容主要围绕哪些方面？
2	公司在跨部门合作方面的表现怎样？ 评估要点： 1. 是否存在生产、设计、采购等部门与销售工作步调不一致的情况？（需结合不同行业和企业的内部协作特点进行考量） 2. 公司是否建立了制度化的跨部门沟通和协调机制？ 3. 你与各个职能部门的负责人关系如何？各部门之间的配合是否默契？

（续表）

No.	评估策略
3	当某个部门沟通协调出现问题时，你打算如何应对？ 评估要点： 1. 你是否认识到私人友谊在沟通协调中的重要性？ 2. 你是否会考虑请领导层介入，以确立内部协调的规范和准则？ 3. 你是否意识到通过加强内部信息流通和实施跨部门的目标计划管理来改善协调？ 4. 你是否察觉到沟通协调障碍可能与薪酬和绩效制度有关？

11. 市场调研与分析的意识与能力评估

No.	评估策略
1	在每年设定团队销售总目标时，你们是如何确定这个目标的？ 评估要点： 1. 观察被评估者是否仅凭主观臆断或简单的增量比例来设定目标，即所谓的"拍脑袋"决策； 2. 检查被评估者是否通过内部讨论和协商，即一种博弈的方式，来确定最终的销售目标； 3. 评估被评估者是否能够根据市场数据的深入分析来科学合理地设定销售目标。
2	在日常工作中，你们是否关注并进行了市场调研与分析？ 评估要点： 1. 在开发新市场之前，是否进行了相关的市场调研与分析工作； 2. 当新产品准备上市时，是否进行了市场调研与分析以评估市场接受度和潜在需求； 3. 在实施新的营销策略后，是否进行了市场调研与分析以评估策略效果； 4. 在研发新产品之前，是否对客户需求进行了深入的调研。

（续表）

No.	评估策略
3	目前你们进行市场调研与分析的具体内容和方法是什么？ 评估要点： 1. 评估被评估者在进行市场调研前是否设定了清晰的市场调研目标； 2. 检查被评估者是否明确了调研方法，并对调研结果的标准化有所要求； 3. 观察被评估者在调研过程中是否能有效利用销售团队的优势，在日常工作中高效采集相关信息，并将其整理录入CRM系统； 4. 分析被评估者数据分析的维度是否全面，是否有助于实现市场调研的既定目标。

附录三　销售总监基本功评估表

销售总监基本功评估策略

一、销售总监基本功评估的内容

1. 作为销售人员的基本功评估。
2. 基本管理意识的评估。
3. 作为管理者基本职能的认知与能力评估。
4. 作为销售负责人的认知与能力评估。

二、销售总监基本功评估策略

1. 销售工作的基本功评估，参照销售人员的基本功评估策略，独立评估。

2. 基本管理意识、管理者职能的认知与能力的评估，参照销售主管基本功评估策略。

3. 对销售工作整体目标制定的能力评估

No.	评估策略
1	在制定企业的年度销售目标时,你通常会采取什么方法?会考虑哪些关键因素? 评估要点: 1. 评估被评估者设定的目标是积极挑战现有状况还是相对保守; 2. 观察被评估者是依据当前团队的实际能力设定目标,还是考虑到未来团队可能的成长和变化来设定; 3. 检查被评估者是否会根据业务模式的变化来相应调整销售目标; 4. 分析被评估者在设定目标时是否综合考虑了市场容量、现有客户基础以及增长需求。
2	如果公司高层不接受你提出的销售目标,你打算如何应对? 评估要点: 1. 若被评估者仅为执行者而无决策权,则此条可略过; 2. 考察被评估者是否能从高层管理者的角度出发,理解并解释目标的合理性,以此来说服他们; 3. 评估被评估者是否能设计出切实可行的销售策略,以支撑所设定的销售目标; 4. 判断被评估者是否能提出与目标相匹配的资源投入计划,进一步证明目标的合理性和可达性。
3	如果下属团队对你的销售目标表示异议,你将如何处理? 评估要点: 1. 若销售目标已经与下属团队共同讨论并达成共识,则此条可略过; 2. 检查被评估者是否能够将年度销售目标与员工的薪酬和绩效挂钩,以增强团队对目标的接受度; 3. 观察被评估者在讨论中是否能将焦点转移到实现战略路径和实现方式上; 4. 评估被评估者在面对下属的异议时,是否能坚定地维持目标,并对团队提出明确要求。

4. 对参与企业经营决策的能力评估

No.	评估策略
1	你如何理解企业的战略目标？在制定时，需要关注哪些要素？ 评估要点： 1. 评估被评估者是否对企业的市场定位有深入的理解； 2. 检查被评估者是否重视企业的人才规划和发展； 3. 了解被评估者对企业经营目标的认知程度，包括是否考虑到产品结构、市场布局等更具体的层面； 3. 判断被评估者是否能根据企业的战略目标和经营目标，有效地规划组织结构和运营策略。
2	企业在设计市场定位时，应考虑哪些关键因素？ 评估要点： 1. 确认被评估者是否具有明确的市场定位意识；若缺乏此意识，则此条评估可略过； 2. 观察被评估者在定位时是否充分考虑了企业的能力、资源和人才状况； 3. 评估被评估者所设计的市场定位是否有助于构建企业的核心竞争优势； 4. 检查被评估者是否为其市场定位的实现设计了可行的战术路径。
3	如果你需要为企业制定人才规划，你会着重考虑哪些方面？ 评估要点： 1. 如果被评估者缺乏人才规划的意识，则此条评估可略过； 2. 考察被评估者是否具备提前储备和培养人才的远见； 3. 评估被评估者在制定人才规划时，是否紧密结合了企业的战略和经营目标； 4. 评估被评估者是否拥有清晰的人才发展战略思路和具体的战术意识。

（续表）

No.	评估策略
4	假设你需要对当前所在企业进行组织规划，你会如何规划，原因是什么？（对于新求职者，可以基于其最近离职的公司进行分析） 评估要点： 1. 评估被评估者是否会根据企业的战略目标和经营目标来进行组织规划； 2. 观察被评估者在规划组织时，是否注重组织的协同和管控机制； 3. 检查被评估者是否能结合企业的业务和运营流程来有效地进行组织结构设计。

5. 对销售团队薪酬绩效制度制定的能力评估（含渠道政策设计）

No.	评估策略
1	若要你为销售团队设计薪酬绩效体系，你会重点关注哪些方面？ 评估要点： 1. 评估被评估者是否注重企业发展目标与薪酬模式的契合度； 2. 评估被评估者是否考虑过程性指标； 3. 评估被评估者是否重视年度业务目标的实现； 4. 评估被评估者是否关注新客户和新市场的拓展； 5. 评估被评估者是否考虑到不同产品类别的差异化处理； 6. 评估被评估者是否着眼于长期战略目标的实现，如人才规划与储备、产品结构调整、营销模式创新等； 7. 询问被评估者关于销售团队职位晋升体系的设计思路。
2	若要考核销售过程，你将采取何种方式？ 评估要点： 1. 若被评估者对过程考核缺乏认识，则此条可略过； 2. 考察被评估者是否关注员工的工作饱和度指标；

（续表）

No.	评估策略
	3. 了解被评估者是否重视工作有效性指标，并探究其定义方式； 4. 询问被评估者对过程考核实施的具体想法和成熟度。
3	为了实现年度目标，你将如何为团队成员设定年度目标和考核策略？ 评估要点： 1. 评估被评估者如何为销售人员设定年度目标，除年度销售额和回款外，是否还关注其他与企业经营目标相匹配的关键要素； 2. 评估被评估者如何为销售管理人员设定年度目标，是否包含团队培养、新市场开发和战略产品销售量等指标； 3. 询问被评估者如何为自己设定年度目标，并了解除销售额和回款外，还关注哪些关键要素。
4	若要对其他职能部门提出考核建议，你会怎么做？ 评估要点： 1. 评估被评估者对于职能部门采用固定薪酬时的考核建议； 2. 评估被评估者对于职能部门实施浮动薪酬时的考核方案； 3. 询问被评估者如何通过考核方式优化部门间的协同工作； 4. 讨论与考核相关的管理细节和落地执行策略。

6. 对管理干部评估选拔的能力评估

No.	评估策略
1	你认为管理干部选拔的核心逻辑是什么？ 评估要点： 1. 询问被评估者在选拔管理干部时，更注重人品还是能力？进一步询问其如何评估人品和能力？ 2. 探究被评估者是否能找到组织需求与个人意愿之间的平衡点； 3. 当被评估者需要提拔某人成为管理干部时，会采取直接提拔、通过考核提拔还是选举提拔的方式？并请其解释选择这种方式的原因。

（续表）

No.	评估策略
2	若要对管理干部进行岗前培训，你打算培训哪些内容？ 评估要点： 1. 了解被评估者是否注重管理意识的培养，并询问具体培养的内容有哪些？ 2. 询问被评估者是否为管理干部制定了具体的岗位说明书，如果已经制定，请其展示具体内容，检查其中是否明确包含了岗位要求、工作内容及工作标准； 3. 进一步询问培训的方式以及考核方式是怎样的。
3	在什么情况下，你会考虑让管理干部"下课"？ 评估要点： 1. 询问要素能力、工作表现、业绩这三个因素中，哪个因素会成为触发管理干部"下课"的原因； 2. 当出现问题时，被评估者是选择直接让管理干部"下课"，还是先进行岗位培养，或者询问在哪种特定情况下会选择直接让其"下课"； 3. 面对管理干部"下课"的情况，被评估者会做哪些预备工作？"下课"后，谁来接替这个人的工作，以及将采取何种方式来确保团队的日常工作不受影响？

7. 对营销模式做设计的能力评估

No.	评估策略
1	你对行业相关的各种营销模式有何了解？ 评估要点： 1. 评估被评估者是否清晰了解所在行业的主要营销模式； 2. 评估被评估者是否掌握这些营销模式的运营细节及关键成功因素； 3. 检查被评估者选择营销模式的策略是否具备客观性和科学性。

（续表）

No.	评估策略
2	请详细阐述大客户销售模式对企业的要求和关键控制点，并说明如何有效控制这些关键控制点。（请用10分钟时间阐述） 评估要点： 1. 根据被评估者所在行业及细分领域进行评估，若不适用大客户模式，则此条略过； 2. 观察被评估者是否认识到产品、人才、客户在大客户销售模式中的重要性； 3. 了解被评估者是否明白大客户销售模式中的过程控制需求，以及关键控制点是什么，如何实施控制； 4. 评估被评估者是否认识到CRM工具在大客户销售团队管理中的关键作用； 5. 评估被评估者是否看到企业产品、品牌、供应链能力与目标客户群的匹配性； 6. 评估被评估者是否理解内部协同在大客户销售中的重要性； 7. 考察被评估者是否认识到大客户销售中不同层次的关注点：产品/订单、客户关系、人脉资源/品牌影响力。
3	请详细阐述渠道销售模式对企业的要求和关键控制点，以及如何有效控制这些关键控制点。（请用10分钟时间阐述） 评估要点： 1. 评估被评估者是否具备渠道商准入规范的意识，并了解其准入标准； 2. 考察被评估者是否具备对渠道商进行赋能和管控的意识； 3. 评估被评估者是否考虑对渠道商进行考核，并了解其考核方式； 4. 询问被评估者对于渠道窜货问题的应对策略； 5. 询问被评估者对于渠道间的价格竞争的应对策略。
4	当不同的营销模式同时存在时，如何进行冲突处理和协同？请结合你所在的行业具体阐述。（请用10分钟时间阐述） 评估要点： 1. 若所在行业营销模式单一，则此条略过； 2. 当大客户模式与渠道模式共存时，关注被评估者如何处理企业利益与渠道利益的冲突； 3. 了解被评估者如何协同电子商务模式与大客户模式，包括业绩计算和提成分配的策略。

8. 对销售团队常见问题的解决能力评估

No.	评估策略
1	对于销售管理干部只关注自身业务而忽视团队管理的情况，应如何处理？ 评估要点： 1. 评估被评估者是否能全面分析出潜在原因，最好能书面记录，若能使用思维导图则最好； 2. 观察被评估者是否意识到可能是干部选拔机制存在问题； 3. 评估被评估者是否看到管理干部可能缺乏团队管理的能力； 4. 评估被评估者是否认为薪酬体系和考核不合理可能导致干部管理团队的意愿不足； 5. 评估被评估者是否看到企业文化可能影响了团队管理的效果，例如高层对不合适人员的容忍； 6. 考察被评估者是否具备针对上述问题提出系统化解决方案的能力。
2	当销售团队不愿将客户信息录入 CRM 系统时，该如何应对？ 评估要点： 1. 评估被评估者是否能全面分析出潜在原因，最好能书面记录，若能使用思维导图则最好； 2. 评估被评估者是否意识到人才招聘环节可能存在的问题，并询问其解决方案； 3. 考察被评估者是否看到管理干部在意识和能力上的不足； 4. 评估被评估者是否认为内部培训不足的问题； 5. 评估被评估者是否看到当前考核模式可能存在的问题； 6. 考察被评估者是否能针对上述问题提出系统化的解决手段。
3	销售人员对应收款回收不积极、存在拖延现象，该如何解决？ 评估要点： 1. 评估被评估者是否能全面而深入地分析出问题的可能原因； 2. 评估被评估者是否看到人才招聘环节的问题； 3. 考察被评估者是否意识到销售人员可能因缺乏收款技能而导致收款不积极；

（续表）

No.	评估策略
	4. 评估被评估者是否能看到收款过程中管控不到位的问题； 5. 评估被评估者是否看到薪酬和考核体系不合理的问题； 6. 评估被评估者是否能提出针对上述问题的系统化解决方案。
4	销售人员为了成交，一再寻求低价，不考虑利润，这种问题怎么解决？ 评估要点： 1. 评估被评估者是否能详尽地分析出可能的原因，尽可能全面； 2. 观察被评估者是否意识到人才招聘的问题，例如是否将不合适的人员招入团队； 3. 考察被评估者是否能看到销售人员可能因缺乏科学的工作方法和体系，只能凭直觉行事； 4. 评估被评估者是否察觉到薪酬绩效设计的问题，是否导致销售人员只关注成交而忽视利润，并探讨如何合理设计薪酬以改善此问题； 5. 评估被评估者是否注意到过程管控中的不足，如管理干部在工作过程中未能进行有效干预和及时纠偏； 6. 考察被评估者是否能提出系统化的解决方案以应对该问题。
5	技术人员和销售之间协作不紧密，该怎么解决？ 评估要点： 1. 评估被评估者是否能准确识别可能的原因，尽可能全面； 2. 评估被评估者是否看到人才招聘的问题，技术人员也需具备客户意识与销售意识； 3. 评估被评估者是否意识到团队管理者在促进协作方面的作用； 4. 评估被评估者是否看到内部流程与考核策略对协作的影响； 5. 评估被评估者是否注意到内部管控在促进团队协作方面的重要性； 6. 评估被评估者是否能提出系统化的解决方案以改善技术人员与销售之间的协作。

（续表）

No.	评估策略
6	低效业务人员或项目占用公司公共资源，该怎么解决？ 评估要点： 1. 评估被评估者是否能深入分析可能的原因，尽可能全面； 2. 评估被评估者是否看到公司人才战略的问题，如是否关注人才规划与储备； 3. 评估被评估者是否意识到企业战略方向可能对资源分配产生影响； 4. 评估被评估者是否能提出系统化的解决方案以优化资源分配和提高业务效率。
7	报销费用无法考证真实性，大额的开支透明度不足，该怎么解决？ 评估要点： 1. 评估被评估者是否能详尽地分析出可能的原因； 2. 评估被评估者是否看到过程管控在确保费用真实性方面的重要性； 3. 评估被评估者是否意识到考核策略对费用报销行为的影响； 4. 评估被评估者是否看到企业战略在长远发展中对费用管理的影响； 5. 评估被评估者是否能提出系统化的解决方案以提高报销费用的真实性和透明度。

这是一个通用的销售总监基本功评估表。需要注意的是，不同的行业、不同的企业对销售总监的要求会有所差异。因此，企业在运用此表格时，建议根据自身实际情况进行适当的调整。如有必要，也可以考虑寻求专业机构的服务以进行更精确的评估。

附录四　大客户销售员岗位说明书

本岗位说明书比较适合从事 B2B 类型业务的销售人员，大家可以结合自己公司的情况做调整，不要照搬照抄。

要求内容			具体说明
	价值观（心态）		1. 执行力为第一要件，不讲废话，执行就好； 2. 持续学习，提升自己的专业度； 3. 持续追求工作饱和度和工作有效性。
岗位要求	知识	专业知识	1. 熟练掌握产品知识，考试要求达到 90 分以上；(企业要建立基于销售工作场景的《产品知识资料库》) 2. 熟练掌握行业知识①，考试要求达到 90 分以上；(企业要建立《行业知识资料库》) 3. 掌握产品交付与客户服务的专业知识，考试要求达到 90 分以上。(企业要建立《产品交付规范》与《客户服务规范》)
		销售知识	1. 掌握以客户需求为导向的销售逻辑； 2. 掌握与大客户销售相关的工作流程；(参照《大客户开发流程》②《顾问式销售流程（升级版）》《搞定关键人的七步流程》《项目开发流程》) 3. 掌握专业商务谈判的系统化方法③； 4. 掌握客户管理的系统化知识（参照《企业客户管理规范》④）。

---

① 行业知识包括行业发展历史、竞争格局、竞争形势、竞争对手情况、行业客户需求情况等诸多方面，若企业能将这些知识标准化以后并让员工学习，那么在招聘时便不必局限于本行业的人。
② 可以考虑参照入微咨询的网课"五步三维十二招——轻松搞定大客户"。
③ 建议参考入微咨询的网课"专业商务谈判的十二个原则和三十六个常用技巧"。
④ 这个需要企业根据自己的情况，制定客户管理规范。

（续表）

要求内容		具体说明
岗位要求	工具使用	1. 熟练使用 WORD、EXCEL、PPT、MINDMANAGER[①] 等工具； 2. 掌握 CRM 软件的使用方法；（参照《入微销售云 CRM 填写、检查与考核细则》[②]）； 3. 掌握公司的销售工具，且能够熟练使用。
	学习能力	1. 有计划地开展学习行动，每年有学习计划、读书计划； 2. 养成写读书笔记和读书心得的习惯； 3. 把学习到的内容结合到自己的实际工作中去。
	沟通能力	1. 掌握专业谈判的十二个原则与三十六个常用技巧； 2. 有解决常见客户问题的能力，包括沟通的流程、策略、工具与完成标准，在标准化的基础上，做到快速反应；（企业要把在销售工作中出现的问题整理出来，编写《常见销售问题的分析与解决》） 3. 掌握完整的引导客户需求的沟通流程；（学习"顾问式销售升级版"） 4. 掌握面向不同角色对象的沟通策略。（企业要做出内部标准化内容，说明面向技术、采购、使用者、决策人的沟通建议）
	服务能力	1. 有持续完善客户信息并了解客户需求的能力；（使用 CRM 系统里面的表格，企业要先设计《客户信息表》与《联系人信息表》的模板） 2. 有妥善处理客户投诉的能力，在服务满意的基础上，将投诉变成再次销售的机会。

---

① 这是一款专业的思维导图软件。
② 这是基于入微销售云 CRM 的内部管理细则，如果有需要，可以跟入微联系获取相关文件，因为内容比较多，就不在本书展示了。

（续表）

工作内容		完成标准
岗位职责	常规工作	1. 按时上班，每周工作6天，上午的上班时间为8:00（如不到公司打卡，则需在客户处做外勤签到、签退），有特殊情况时，另做说明； 2. 每天做工作计划与工作总结，具体标准见《公司CRM填写、填查与考核细则》； 3. 使用CRM系统进行业务报备； 4. 无合理要求，不得拒绝、拖延上级领导交办的其他工作。
	业务开发	1. 业务开发工作满足公司的大客户开发流程，执行第一，如果流程需要优化，可以在讨论通过后执行，不可以私自大幅度改动业务开发流程； 2. 销售工作中做好客户信息及需求的收集、整理与分析，业务信息的填写需满足《CRM填写与考核细则》的相关要求； 3. 在业务工作中，实行团队作战，业务开发中的分工严格按照《公司业务开发分工与分配管理办法》[①]的要求执行。
	客户管理	1. 销售员的客户管理工作，直属上司有知情、干预与参与权，销售人员不得以任何理由拒绝； 2. 当客户情况发生重大变化时，销售员有义务第一时间上报给直属上级，如直属上级没有时间，可以向更上一级汇报，保证事情得到妥善处理。

---

① 团队协作涉及分工与分配，企业要提前把相关的规则制定好。

附录五　销售主管岗位说明书范本

本岗位说明书比较适合从事 B2B 或渠道类型业务的一线销售管理人员。大家可以结合自己公司的情况进行调整，不要照搬照抄。请大家更多地关注形式，在内容方面，不同的企业差距非常大。

要求内容			具体说明
	价值观（心态）		1. 少说废话，多干实事； 2. 站在企业经营的角度考虑问题； 3. 销售管理要专业化，把管理动作做到位。
岗位要求	知识	业务与行业知识	1. 熟练掌握业务知识，了解业务的应用情境、业务卖点；（见《企业业务知识资料库》，企业要组织力量做基于销售场景的产品知识标准化，不要让不懂业务的人参与） 2. 熟悉掌握行业的专业知识，包括竞争形势、竞争品牌；（见《行业知识资料库》） 3. 熟悉业务开单的专业知识，能够根据客户需求开单；（要求企业内部整理好《开单工作规范》） 4. 熟悉与业务匹配的使用场景、与之匹配的客户需求，以及交流的关注点。（见《行业客户需求情况说明》中有关企业处理产品方面的需求）
		销售知识	1. 理解客户的完整需求，并能够在实际工作中应用； 2. 掌握客户信息调研的方法； 3. 掌握终端网点开发的流程；（参照《终端网点开发流程》） 4. 掌握销售沟通的系统化方法。（学习"顾问式销售升级版"与"专业商务谈判的十二个原则与三十六个常用技巧"，要求考试过关）

（续表）

要求内容		具体说明
岗位要求	知识 / 管理知识	1. 了解企业经营管理的核心逻辑；（要学习网课"销售业绩导航"并考试，且在日常工作中做经常性的复盘） 2. 掌握销售经理的九项全能知识；（学习入微咨询网课"卓越销售经理九项全能"，结合自己的日常工作，做工作梳理） 3. 掌握常见管理问题分析及解决方案。（见《常见管理问题分析及解决方案》）
	工具使用	1. 熟练使用 WORD、EXCEL、PPT、MINDMANAGER[①] 等工具； 2. 熟练掌握公司 CRM 软件的使用方法；（见《企业 CRM 使用、检查与考核规范》） 3. 掌握公司介绍、产品与服务介绍的 PPT，要求能够熟练讲解，并能回答销售场景中客户提出的常见问题。（见《销售工作中常见问题的分析及解决方案》）
	能力 / 学习能力	1. 每年结合岗位要求做自我评估，找出自己的短板所在；（参照《员工年度工作评估报告模板》） 2. 有计划地开展学习行动，每年有学习计划、读书计划； 3. 学习业务知识、产品知识、管理知识，考试能够达标； 4. 能够运用所学知识，解决业务与管理中存在的问题。
	沟通能力	1. 掌握专业谈判技巧，应对销售场景与管理场景中遇到的问题；（学习"专业商务谈判十二个原则与三十六个常用技巧"，经常结合工作中的问题考试，考试成绩须达 90 分以上） 2. 掌握面向公司内部与销售有关联性的职能部门（采购、物流、财务等）的沟通策略； 3. 有解决常见客户问题的能力，包括沟通的流程、策略、工具与完成标准，在标准化的基础上，做到快速反应； 4. 掌握完整的引导客户需求的沟通流程。

---

① 这款软件在 WINDOWS 系统和 IOS 系统都可以用。

（续表）

要求内容		具体说明
岗位要求	能力 — 客户管理能力	1. 有持续完善客户信息（终端网点信息与联系人信息）并了解客户需求的能力；（见《终端网点信息表》与《联系人信息表》，需导入 CRM 系统） 2. 有全面了解客户需求的能力，并能将客户需求按公司要求整理好以后，记录到 CRM 系统中去； 3. 有在团队管理中落实客户管理的能力，带领销售团队，以客户长久价值为导向，服务好客户，提升客户关系水平； 4. 按公司要求对客户做分级，并提供差异化服务。
	能力 — 管理能力	1. 团队培养能力，能够有效提升团队整体战斗力； 2. 团队激励能力，在关注下属工作的过程中，及时提供激励，让团队充满斗志和活力； 3. 业务支持能力，在下属工作遇到困难的时候，提供有效的帮助、指导与支持； 4. 销售管控能力，关注下属的工作过程，及时纠偏与指导； 5. 客户管理能力，让重要的客户不被竞争对手抢走，不让销售人员带走，逐步优化企业的客户资源； 6. 沟通协调能力，处理好与公司内部相关部门、人员的关系，争取他们对销售工作的支持； 7. 市场调研与分析能力，带领销售团队系统化地收集市场信息，提供给高层做战略分析与决策。

（续表）

工作内容		完成标准
岗位职责	常规工作	1. 每周工作 6 天，上午的上班时间为 8:00（如不到公司打卡，则需在客户处做外勤签到、签退），有特殊情况时，另做说明； 2. 每天做工作计划与工作总结； 3. 面向自己的客户，做好开单工作； 4. 每天关注下属的工作饱和度和工作有效性； 5. 着装要求（具体标准见《公司员工形象规范》）； 6. 使用 CRM 系统进行业务报备； 7. 如无合理理由，不得拒绝、拖延上级领导交办的其他工作。
	业务开发与管理	1. 对客户、项目线索进行分析，有计划地开展业务开发工作，每一个客户、项目的开发都要有计划性，填写相关工作计划； 2. 业务的开发满足公司的业务开发流程，执行第一，如果流程需要优化，可以在讨论通过后执行，不可以私自大幅度改动业务开发流程； 3. 业务开发过程中做好客户信息及需求的收集、整理与分析，业务信息的填写要满足《公司 CRM 客户信息与联系人信息表》的相关要求； 4. 在客户开发中，只要与客户有接触，必须填写跟单、进展记录与服务记录，具体填写要求见《公司 CRM 填写要求与考核细则》； 5. 在业务开发过程中，实行团队作战，业务开发中的分工严格按照《公司业务开发分工与分配管理办法》的要求执行。

（续表）

工作内容		完成标准
岗位职责	团队培养	1. 做好团队下属的能力评估工作，结合岗位要求，每年给直系下属一次年度评估报告；（参照《员工年度成长与工作表现报告模板》，要吃透下属的岗位说明书和《销售人员的十三门基本功》） 2. 为每位下属做好独立的成长计划；（参照《员工能力成长计划模板》） 3. 有计划地开展人才培养工作；（参照《团队人才储备与培养总结报告模板》） 4. 有计划地做好业务复盘与业务分析工作；（每周、每月要做业务复盘和业务分析，写入CRM系统中） 5. 有计划地做好团队培养的总结工作。（每个季度做一次团队培养的总结工作，具体写入CRM系统中）
	团队激励	1. 与下属保持沟通，了解大家的人生目标、价值观、工作状态、家庭情况、情感状况等，建立员工档案；（参照《员工档案模板》） 2. 及时了解异常的情况，通过沟通激励调整大家的状态； 3. 把正向激励与负向激励进行有效结合，及时表扬表现好的下属，对不符合公司要求的，也要及时批评指正； 4. 把物质激励与精神激励有效结合。
	业务支持	1. 协助下属销售人员成交，对成交难度比较高的客户，实行团队作战，整合公司内部的力量，一起赢得客户，成功签订订单； 2. 为下属的成交提供资源方面的支持； 3. 指导下属成交工作，及时干预、纠偏。
	销售管控	1. 严格落实每日工作计划与工作总结； 2. 对下属工作计划做评估与处置； 3. 结合工作流程与工作标准，对下属的工作过程做评估与纠偏；（参照《销售主管日常工作指导书》） 4. 结合下属的工作过程和公司的过程考核策略，对下属的工作情况做常态化考核。

（续表）

工作内容		完成标准
岗位职责	客户管理	1. 有计划地开展自有客户的维护工作； 2. 关注下属的客户管理工作； 3. 客户管理专业化，包括客户信息管理、客户需求管理、客户关系管理、客户分级管理； 4. 客户维护工作，需要与 CRM 系统中的日程挂钩，且在服务结束后，填写满足标准的服务记录。
	沟通协调	1. 与上级做好沟通协调，了解上级的工作意图，将工作思路与工作方法与上级沟通，争取得到有效的支持； 2. 以业务目标为导向，处理与相关部门之间的关系，争取他们对销售工作的支持。
	市场调研	1. 协调市场资源（销售人员等），对市场做调研，了解业务市场的决策模式、竞争格局的变化，在 CRM 系统中做信息汇总； 2. 协调市场资源，在相关部门的支持下，面向客户做调研，了解客户需求变化的趋势、对我方业务的满意度，并在 CRM 系统中做汇报；（参照《客户需求情况分析表模板》） 3. 协调市场资源，对市场业务的需求、竞争对手、竞争产品情况等做调研，将第一手数据收集好后，在 CRM 系统中做汇报。（将收集到的数据导入 CRM 系统）

附录六　销售主管工作指导书范本

工作指导书的作用是将复杂的管理理念转化成一个个具体的管理动作。只要大家按照工作指导书的要求，确保每一个管理动作都得到准确执行，那么就能成为一名非常优秀的管理干部。

入微咨询的核心业务——人才脱产培训服务，就是要训练销售人才把必要的动作执行到位，并使之成为一种习惯，而不仅仅是停留在了解和知晓的层面。

第一部分：日工作

No.	工作内容	工作说明
1	工作规划	1. 每天 9:00 之前，规划好一天的工作，当天准备做什么，怎么做，拟达成什么目的，尤其是当天的客户拜访工作，一定要规划清楚； 2. 把规划好的工作内容，写入 CRM 系统，向上级做汇报，与需要协作的同事、相关人员分享工作的想法（知晓人、协助人做好设置）；（配套:《公司 CRM 填写要求与考核细则》） 3. 上级如果对我们的工作内容与想法有不同意见，跟上级沟通后再确定当天的工作内容与方法。

（续表）

No.	工作内容	工作说明
2	检查下属工作规划	1. 每天 9:00 之前，检查下属团队队员的工作计划，评估其工作饱和度与工作有效性； 2. 对满足要求的工作计划点赞，或者进一步批注以示鼓励； 3. 对不满足要求的工作计划，批注要求其调整，必要的时候，通过电话或者当面沟通的方法做工作计划的纠偏； 4. 按公司要求，对违反规则的情况做处置，并在群内公示。
3	按计划工作	1. 严格按照工作计划的要求工作； 2. 在工作中留下工作轨迹，包括外勤签到、签退与拜访记录。
4	工作总结	1. 每一个工作日程，写一个工作结果，尤其是与客户拜访相关的，一定要做独立的日程； 2. 工作结果的填写，要满足公司的填写规范。（见《公司 CRM 填写与考核规范》）
5	检查下属工作结果	1. 每天 23:30 之前，检查下属团队队员的工作结果，评估其最终的工作饱和度和工作有效性； 2. 按公司要求，对违反规则的情况做处置，并在群内公示。
6	销售工作复盘	1. 针对当天需要关注的异常情况，做线下或远程的业务复盘 / 分析（可以是一对一，也可以是一对多，视具体情况而定）； 2. 业务复盘后，可以做后续工作的安排。 说明：一开始的时候，每天做工作复盘，相对成熟以后，可以每周做工作复盘。

第二部分：周工作

No.	工作内容	工作说明
1	周工作规划	1. 主持团队周工作会议，对上一阶段工作做总结，对下一阶段工作做安排； 2. 将会议上安排的重要工作，写到工作日程里。
2	周工作总结	在 CRM 系统中，按要求填写本周工作总结。
3	团队周工作规划	紧盯下属团队成员，安排好周工作总结与下周工作计划。

第三部分：月度工作

No.	工作内容	工作说明
1	月度工作规划	1. 参加月度工作会议，明确月度工作重点（由销售部部长主持召开）； 2. 参加月度知识能力考核； 3. 参加月度培训； 4. 将重要的工作写到日工作日程中。
2	月度工作总结	1. 在月度工作会议上，对本月工作做总结； 2. 对本月工作中的重点客户做复盘与分析； 3. 在 CRM 系统中，按要求填写本月工作总结。

第四部分：年度工作

No.	工作内容	工作说明
1	本年度工作总结	1. 做本年度个人工作总结，并提交报告； 2. 做本年度团队工作总结，并提交报告； 3. 做个人年度能力成长与工作表现的自我评估，并提交报告。（配套:《员工年度能力成长与工作表现评估表》）
2	下一年度工作规划	1. 对当前的客户、市场做盘点与分析； 2. 明确年度销售工作目标； 3. 对下一年度工作做整体规划。

附录七 销售人才面试准备清单

面试岗位		面试对象	
面试时间		面试官	

一、作为销售人员的天赋评估

No.	评估项目	评估方法	结果记录
1	形象气质	1. 看身高、体型、体态； 2. 看面部细节：五官、皮肤、牙齿、胡须、头发等； 3. 看衣着打扮：是否相对正式，衬衣有没有熨过，有没有戴手表； 4. 看行为：眼神是否坚定不飘忽，坐立行走是否自然放松有自信。	
2	沟通能力	1. 评估理解能力[①]：让面试者谈谈对我们的管理方式的理解，或对某个案例中某句话的理解，或对业务流程的理解[②]。 2. 评估表达能力：让面试者谈谈他们原来的产品、行业，他的职业规划，或者讲讲他教育孩子的方法等[③]。	

---

① 前提是我们要先准备好管理要求的文本，能通过书面表达或者视频表达的，就不要用口头表达。
② 我们要提前准备好工作流程的文件或者视频材料。
③ 入微咨询常见的做法：在对方表达时，先征求对方的同意，再将面试现场拍摄成视频，让不在场的同事日后也可以看到，避免重复面试。

（续表）

No.	评估项目	评估方法	结果记录
3	思维模式	1. 评估其有没有客户视角：要求其阐述对客户需求的理解[①]；提供客户案例让他分析客户的动机。 2. 评估其有没有企业利益视角：要求其阐述他觉得企业对员工的需求是怎样的；提供客户案例让他分析该怎么处理才合理。[②]	
4	心理素质	1. 多人同时面试时，采取"红白脸"策略；[③] 2. 冲突性试探：你穿的衣服好像并不是很合身啊？你今天的状态好像一般啊？你是不是没有做好准备？	
5	学习能力	1. 将公司介绍/产品介绍等资料给面试者，让他熟悉一段时间，然后要求其做简单介绍，评估其学习、归纳、总结的能力，也同时评估其沟通能力；[④]	

---

① 理解客户需求是一个相对复杂的过程，建议面试者从多个角度深入研究客户的实际需求，这样我们才能在面试过程中准确评估面试者是否真正理解了客户需求。由于一般的HR对业务了解有限，这方面可能会遇到不少挑战。因此，建议大家学习"销售人员的十三门基本功"这门课程，以全面提升对销售人员认知要求的理解。

② 这方面对于大客户销售人员来说更加重要。在面试时，应准备好与企业业务相关的问题，以便考验应聘者的专业能力和理解程度。

③ 这种场景对于心理素质要求较高的销售岗位比较重要，尤其是项目型销售或面向大型政企客户的场景。在这类场景下，销售人员需要具备高度的应变能力和专业素养。

④ 这一要求也强调了企业方内部标准化水平要足够高。企业需要提供充分的内容素材，以确保面试人员能够准确、专业地表达信息。

（续表）

No.	评估项目	评估方法	结果记录
		2. 给一段 1 小时左右的视频课程让他学习，然后要求他写一篇 1000 字左右的心得。①	
6	认知基础	1. 如果对方说他有行业经验，那就考查其行业知识；② 2. 考查其对销售工作的认知水平，用销售工作中常见的比较棘手的问题向他提问。③	

二、作为销售人员的动机评估

No.	评估策略	评估结果记录
1	了解其家庭情况，评估其生存压力来源： 1. 是否结婚？是否有车贷、房贷？ 2. 是否生育？孩子的教育标准是怎样的？未来要给他买房子吗？ 3. 父母是否都健在？健康状况如何？有退休金吗？家里的经济基础如何？	

---

① 建议将公司的管理要求制作成视频供求职者学习，并邀请他们分享学习心得。入微咨询在面试销售人才时，通常会预留一整天的时间来全面评估候选人，其中对管理要求的认知度和接受度是我们考察的重点之一。
② 前提是，我们已经建立了内部的行业知识标准化内容。
③ 企业需要将销售工作中遇到的不同场景问题进行整理，并建立起《常见销售问题的分析与解决》文件，这一环节对于我们推进销售工作的标准化至关重要。

（续表）

No.	评估策略	评估结果记录
2	1. 了解其个人目标，评估其动力来源。 2. 人生目标是什么？为什么会有这样的人生目标？① 3. 职业发展目标是什么？自己付出了什么样的努力来达成职业目标？	

三、作为销售人员的可控性评估

No.	评估内容	评估结果记录
1	在工作与生活发生冲突的时候，你将以什么样的方式解决？能不能接受长期出差？能不能接受加班？能不能接受单休？	
2	公司的考核方式是考核能力+工作表现+业绩，能不能接受这种考核方式？②能不能接受常态化的学习与考核？	
3	公司要求每天写工作计划、工作总结，工作过程中要有轨迹，拜访客户要有报告，能不能接受？	

---

① 对于人生目标与职业目标的评估，我们需要层层深入地进行探究，因为有些时候求职者可能并未认真思考过这些问题，甚至有些人的回答可能并非真实。面试官通过深入提问，更有可能发现其中的问题所在。例如，如果求职者表示想要实现人生价值，那么我们可以进一步询问他们想要实现什么样的人生价值。如果他们渴望获得成就感，那么我们可以追问他们如何定义成就感。

② 建议面试官在面试者到来时，准备好岗位说明书和薪酬绩效制度，并对这些文件进行解读，以便评估面试者是否能接受相关职责和待遇。

附录八　销售人员脱产培训服务介绍

入微咨询的销售人才脱产培训专为民营中小企业的销售人才设计。我们采取类似学校的学科加学分制度，学员须修满所有必修课且考核过关，才能获得结业证书。

用我们学员自己的话来说，经过为期一个月的脱产学习，能够让他们"脱胎换骨"！

服务对象：

1. 大客户销售人员；
2. 渠道销售人员。

学习内容：

No.	学习科目	总学分数	总课时数	科目属性
1	顾问式销售	42 分	20	必修课
2	销售人员十三门基本功	46 分	22	必修课
3	专业商务谈判技术	50 分	32	必修课
4	大客户销售策略	36 分	17	必修课[①]
5	渠道销售策略	22 分	12	必修课[②]
6	职业人的自我修养	10 分	3	必修课
7	应收款管理	5 分	3	选修课
8	商务送礼策略	5 分	2	选修课

---

① 渠道开发人员可以将大客户开发策略作为选修课程。
② 大客户销售人员可以将渠道开发策略作为选修课程。

（续表）

No.	学习科目	总学分数	总课时数	科目属性
9	商务礼仪基础	5分	6	选修课
合计		221分	117	/

学习方法：

1. 每天的目标计划管理（基于入微销售云 CRM[①]）；
2. 基于具体工作场景的销售问题梳理；
3. 网课知识点学习整理；
4. 辅导师结合问题与课程知识点做讲解；
5. 每两天一次的场景模拟演练；
6. 每周两次的业务复盘与分析；
7. 每天写1000字左右的学习心得。

科目设置说明：

科目		模块	课时数	学分
顾问式销售	1	站在客户角度考虑问题	2	5
	2	研究客户，抓住兴趣点	2	3
	3	换位思考，有效获取信任	2	5
	4	沟通节奏控制＋设定对我方有利的准则	3	4
	5	了解现状，把客户的情况摸清楚	2	6
	6	明确问题，锁定与我方产品有关的需求点	3	4
	7	挖掘痛苦，创造必要性与紧迫性	3	5

[①] 在脱产培训期间，入微咨询为学习者开通入微销售云 CRM 的试用账号，以养成良好的工作习惯。

（续表）

科目		模块	课时数	学分
十三门基本功	8	提供解决方案，有针对性地介绍产品与服务	2	5
	9	解决异议，推动成交，水到渠成收订单	1	5
	1	时间管理能力提升	2	3
	2	沟通准备能力提升，好的销售是准备出来的	2	5
	3	如何影响客户的采购标准	3	3
	4	有效客户服务，建立核心竞争力	2	4
	5	建立信任关系的实战性指导	2	5
	6	流程中的节奏控制	3	5
	7	客户管理基础	3	10
	8	人脉经营实战指导	2	3
	9	语言表现力提升，做更有画面感的表达	3	8
专业商务谈判	1	目标至上与换位思考	6	50
	2	情感投资与相时而动	4	
	3	循序渐进与不等价交易	6	
	4	利用准则与开诚布公	6	
	5	理性坚持与追本溯源	4	
	6	接受差异与谋定后动	6	
大客户销售	1	张开天罗地网，获取客户与需求信息	2	5
	2	循序渐进，做好接触准备	3	5
	3	换位思考，做好需求分析	3	8
	4	技术交流，解决产品方面的信任	3	4
	5	商务突破，解决成交阻力因素	2	6
	6	谈判签约，建立长期合作机制	2	3
	7	稳扎稳打，操作招投标项目	2	5

（续表）

科目		模块	课时数	学分
渠道销售	1	渠道问题分析与解决	2	5
	2	渠道商的选择思路分析	2	3
	3	渠道开发准备	3	4
	4	渠道商开发流程	3	5
	5	渠道商维护策略	2	5
职业素养提升			3	10
应收款管理系统化策略			3	5
商务送礼			2	5
商务礼仪			6	5

时间安排：

1. 原则上，一个月之内完成所有脱产培训内容；

2. 单休，每周上课学习6天；

3. 作息时间：上午9点到晚上10点，特殊情况会有调整。

附录九　销售管理人员脱产培训服务介绍

入微咨询的销售人才脱产培训专为民营中小企业的销售人才设计。我们采取类似学校的学科加学分制度，学员须修满所有必修课且考核过关，才能获得结业证书。

服务对象：

1. 大客户销售团队主管；

2. 渠道销售团队主管；

3. 相关职能部门负责人（售前经理、售后经理、人力资源经理等）。

学习内容：

No.	学习科目	总学分数	总课时数	科目属性
1	企业经营管理基本原理[①]	46 分	24	必修课
3	销售人才招聘入微模式	41 分	31	必修课
4	销售人才培养入微模式	80 分	33	必修课
5	大客户销售策略	36 分	17	必修课[②]
6	渠道销售策略	22 分	12	必修课[③]
7	销售团队日常管理	30 分	50	必修课

---

① 管理干部要能站在经营角度考虑问题，了解企业经营管理的基本原理。

② 采用渠道模式的，可以将大客户销售作为选修课，因为找优质大渠道，其实是要作为大客户来看的。

③ 采用 B2B 模式的，可以作为选修课程。

（续表）

No.	学习科目	总学分数	总课时数	科目属性
8	管理者素养提升	10 分	6	必修课
合计		265 分	173	/

学习方法：

1. 每天的目标计划管理（基于入微销售云 CRM[①]）自我执行与团队执行；

2. 基于具体工作场景的销售与管理问题梳理[②]；

3. 网课知识点学习整理；

4. 辅导师结合问题与课程知识点做讲解；

5. 每周两次的业务复盘与分析指导；

6. 每天写 1000 字学习心得。

科目设置说明：

科目		模块	课时数	学分
经营管理原理	1	经营基础之战略、战术、人才、管理与客户之间的关系	3	5
	2	企业经营战略的制定	3	5
	3	销售业绩达成的三层逻辑	3	10
	4	销售管理变革的五大主体	6	10
	5	与销售管理变革相关的六大核心模块	6	10
	6	管理落地系统化方法	3	6

[①] 在脱产培训期间，入微咨询为学习者开通入微销售云的试用账号，以养成良好的工作习惯，如果企业本来已经有了 CRM 工具，在评估以后，也可以使用。

[②] 这是开始培训阶段最重要的内容，先把当前工作场景中存在的问题找出来，作为脱产培训的目标，培训结束后要有信心解决问题。

（续表）

科目		模块	课时数	学分
人才招聘	1	从全局视角看企业的人才工作	3	5
	2	岗位要求设计训练	6	10
	3	人才评估体系设计训练	10	15
	4	销售人才招聘流程	3	6
	5	销售人才面试评估训练	6	10
	6	试用期管理实战训练	3	5
人才培养	1	人才培养基础工作解读	6	15
	2	专业知识标准化基础训练	6	20
	3	业务流程设计标准化基础训练	6	20
	4	培训工作的实施：从人才评估与能力考核	3	5
	5	业务复盘与分析的实战训练	12	20
大客户销售	1	张开天罗地网，获取客户与需求信息	2	5
	2	循序渐进，做好接触准备	3	5
	3	换位思考，做好需求分析	3	8
	4	技术交流，解决产品方面的信任	3	4
	5	商务突破，解决成交阻力因素	2	6
	6	谈判签约，建立长期合作机制	2	3
	7	稳扎稳打，操作招投标项目	2	5
渠道销售	1	渠道问题分析与解决	2	5
	2	渠道商的选择思路分析	2	3
	3	渠道开发准备	3	4
	4	渠道商开发流程	3	5
	5	渠道商维护策略	2	5

（续表）

科目		模块	课时数	学分
日常管理	1	团队激励实战训练	6	10
	2	内部协同实战训练	3	5
	3	销售团队目标计划管理实战训练	15	20
	4	销售团队客户管理实战训练	6	15
管理者素养提升			6	10

时间安排：

1. 原则上，一个月之内完成所有脱产培训内容；

2. 单休，每周上课学习6天；

3. 作息时间：上午9点到晚上10点，特殊情况会有调整。

学员推荐

对于销售团队管理，我们往往主要关注员工的工作结果，不太重视员工的工作过程。然而，入微咨询的陈文学老师以其独到的销售管理思想，彻底打破了这一固有的认知模式。他强调，我们应当将注意力更多地转向员工的工作过程，并在这一过程中进行精细化管理，及时纠正偏差并赋能员工，以促进他们的快速成长。陈老师坚信，只有过程正确无误，好的结果才会自然而然地涌现。这一管理方法的引入，已经在实际应用中取得了立竿见影的显著效果。

——广东三环药业有限公司 总经理 陈光辉

自从我从技术领域转向销售领域，我一直以来都依赖着扎实的技术基础来赢得客户的信任。然而，在业务层面我常常感觉力不从心，有时佛系，有时激进，销售工作中也充满了诸多困惑，直到我深入学习了陈老师的课程后，我的业务知识体系才得到了系统性的梳理和深化。我开始能够更清晰地审视自己的业务过程，明确自己在哪些环节出现了错误，又在哪些地方做得相对出色。并且我还加入了陈老师线下社群，社群里都是各行各业的业务精英，大家在群里分享自己的经验、得失与困惑，每当我遇到难题或有所感悟时，都能得到来自天南地北、比我更优秀的同行们的鞭策与鼓励。因此，我极力推荐大家去学习和了解陈老师的课程和书籍，相信它们也会为你带来意想不到的收获。

——东莞市创达企业形象策划有限公司　总经理　张国华

事都有逻辑与章法，人都有七情与六欲，懂了，明白了，运用了，结果也就能拿到了！陈老师的课，讲的就是这回事！陈老师的书值得拥有。

——广东智妍生物科技有限公司　总经理　孙锦维

图书在版编目（CIP）数据

销售人才招聘与培养入微模式 / 陈文学著 . -- 上海：东华大学出版社，2024.7. --（入微咨询销售管理系列丛书）. -- ISBN 978-7-5669-2382-0

Ⅰ．F274

中国国家版本馆 CIP 数据核字第 2024NJ7111 号

销售人才招聘与培养入微模式（入微咨询销售管理系列丛书）

Xiaoshou Rencai Zhaopin Yu Peiyang Ruwei Moshi (Ruwei Zixun Xiaoshou Guanli Xilie Congshu)

陈文学　著

策　　　划　刘　宇　李　晔
责 任 编 辑　李　晔
封 面 设 计　要文博

出 版 发 行　东华大学出版社（上海市延安西路 1882 号　邮政编码：200051）
联 系 电 话　021-62373924
营 销 中 心　021-62193056　62373056
出版社网址　http://dhupress.dhu.edu.cn/
天猫旗舰店　http://dhdx.tmall.com
印　　　刷　上海盛通时代印刷有限公司
开　　　本　890mm×1240mm　1/32　印张 8.25　字数 320 千
版　　　次　2024 年 7 月第 1 版　印次　2024 年 7 月第 1 次印刷
书　　　号　ISBN 978-7-5669-2382-0
定　　　价　108.00 元

·版权所有　侵权必究·